누가 강도 만난 자의 이웃인가?

예수님의 비유 시리즈01

열린다 비유
선한 사마리아인 이야기

지은이 | 류모세
초판 발행 | 2011년 3월 2일
12쇄 발행 | 2023. 3. 21
등록번호 | 제3-203호
등록된 곳 | 서울특별시 용산구 서빙고동 95번지
발행처 | 사단법인 두란노서원
영업부 | 2078-3333   FAX 080-749-3705
출판부 | 2078-3477

책 값은 뒤표지에 있습니다.
ISBN 978-89-531-1497-5   03230

편집부에서 독자의 의견을 기다립니다.
tpress@duranno.com   http://www.Duranno.com

예수님의 비유 시리즈01

열린다
비유

선한 사마리아인 이야기

류모세
지음

두란노

차
례

하늘이 땅보다 높음같이 하나님의 진리를 올바로 이해하고 담아내기에 우리의 경험과 지혜는 턱없이 부족하다. 그래서 "비유가 아니면 말씀하지 아니하셨다"고 할 만큼 예수님은 비유 속에 하나님 나라의 놀라운 보화를 담아 놓으셨다. 그동안 류모세 선교사는 《열린다 성경》 시리즈를 통해 성경의 역사적, 지리적, 문화적 배경에 대한 해박한 지식과 통찰력으로 성경을 친숙하고 재미있게 그리고 감동적으로 열어 보여 주었다. 《열린다 비유》 시리즈를 통해서도 예수님의 가르침과 교훈, 메시지의 핵심을 마치 밭에 감추인 보화를 캐듯 독자들에게 꺼내 보일 것이다.

―반태효(온누리교회 서빙고성전 담당목사)

나는 이스라엘 성지를 15회 이상 다녀왔다. 그럼에도 불구하고 이스라엘 땅은 지금도 나를 다시 부르고 있다. 그곳은 예수님이 걸으신 땅이고 성경의 역사가 펼쳐진 땅이기 때문이다. 그러나 그 땅에서 살지 않았기 때문에 별수 없이 느껴야 하는 공간적이고 문화적인 거리감이 성경을 읽을 때마다 아직도 나를 괴롭힌다. 이런 고민을 상당히 해소해 준 것이 류모세 선교사가 쓴 《열린다 성경》이었다. 이 책은 어떤 고고학 책보다도, 어떤 성서 신학 교과서보다 내가 성경을 이해하고 설교를 준비하는 데 큰 도움을 주었다. 그런데 류모세 선교사가 이번에는 '선한 사마리아인의 비유'를 들고 나왔다. 비유는 예수님의 신학과 심장을 이해하기 위한 열쇠와 같은 것이다. 류모세 선교사가 강의할 때 나는 마치 예수님의 설교를 듣는 것처럼 성경 속으로 걸어 들어가는 청중을 볼 수 있었다. 이 비유 시리즈를 통해 예수님의 마음속으로 걸어 들어가 직접 예수님의 말씀을 듣고 변화되는 한국 교회 성도들의 모습을 떠올리며, 이 책을 기쁨과 흥분으로 추천하는 바이다.

　—이동원 목사(지구촌교회 원로목사)

　이스라엘 선교사에서 《열린다 성경》 시리즈 저자로 지경을 넓혀 가고 있는 류모세 선교사가 예수님의 비유를 풀어내기 시작했다. 비유는 역사, 문화적 배경에 대한 분명한 이해가 있어야 해석될 수 있다. 많은 알레고리 해석이 등장하는 이유는 이러한 학문적 노력을 게을리한 탓이다. 그러나 비유 해석에 있어서 또 한 가지 조건은 '위트'이다. 예수님의 비유는 위트 있는 이야기였다. 대부분은 웃음을 이끌어내면서 동시에 마음을 울리는 교훈이었던 것이다. 비유 해석자는 이러한 요소들을 잘 이해하고 또 체험해야 비유를 통한 진리를 잘 전달할 수 있다. 류모세 선교사는 학문적 노력뿐만 아니라 삶의 위트를 깊이 이해하는 분이다. 책과 강의에서 언제나 유머와 위트가 넘쳐난다. 이것이 책을 읽는 이들에게 재미와 감동을 함께 느끼게 만드는 이유이다. 앞으로 모든 설교자는 류모세 선교사의 비유 시리즈를 꼭 한번 읽고 준비해야 할 날이 올 것 같다.

—이재훈(온누리교회 양재성전 담당목사)

류모세 선교사의 《열린다 비유—선한 사마리아인 이야기》는 본 비유뿐만 아니라 복음서에 나오는 많은 예수님의 비유를 해석하는 데 매우 유익한 지혜를 줄 것이다. 예수님께서 말씀하신 여러 가지 비유들은 성서시대의 문화와 역사적인 상황을 전제로 한 것이다. 그러므로 그 비유의 정확한 의미를 깨달으려면 그러한 역사적, 문화적, 지리적 및 신학적인 상황에 대한 이해가 있어야 한다. 그런 면에서 이 책은 예수님 시대의 지리적 상황 및 사두개파와 바리새파, 유대인과 사마리아인과의 역사적,

종교적인 관계에 기초하고 있다. 예리한 통찰력으로 마치 추리 소설을 쓰듯이 흥미 진진하게 본 비유를 설명한 이 책은 성경을 이해하는 데 매우 유익하다.

－정의호(기쁨의교회 담임목사)

예수님은 비유로 말씀하신다. 사람들은 그 비유를 각자의 그릇 모양대로, 그릇 크기만큼 듣는다. 예수님은 자신의 말씀을 이해하지 못한 제자들에게 비유로 다시 풀어 주시며, 귀가 어두운 제자들의 귀를 열어 주셨다. 2천 년 전의 삶과 문화, 시대적 상황에 낯선 우리는 또 다른 도움이 절실하다. 이미 《열린다 성경》으로 우리의 눈과 귀를 활짝 열어 준 저자의 또 다른 헌신이 그런 이유로 고맙다. 《열린다 비유》 시리즈는 흐릿한 비유를 또렷하게 해주는 렌즈다. 눈에 맞는 안경으로 뜻밖의 기쁨을 얻듯 말씀 속에서 그런 기쁨의 샘이 터지기를 바란다.

－조정민(목사, CGNTV 대표이사)

왜 비유인가?

이스라엘의 선교 잡지인 〈이스라엘 투데이〉의 홍보를 위해 성서 식물 세미나를 하다가 전혀 예기치 않게 탄생한 것이 《열린다 성경》 시리즈다. 식물 이야기를 시작으로 광야, 성전, 절기, 생활풍습, 동물 등 서로 다른 주제를 차례로 다루면서 '열린다 성경 시리즈 1탄'이란 이름으로 마무리 지었다.

수년 전부터 '성경의 유대적 배경'(Jewish background of the Bible)에 관심을 갖고 이 책 저 책을 두루 섭렵했지만 그야말로 개인적인 흥미와 관심, 더 나아가 '이스라엘'이라고 하는 척박한 선교지에서 개인적인 영성 관리의 차원이었지, 이것이 지금처럼 본격적인 저술 활동으로 발전하리라고는 꿈에도 생각지 못했다.

졸저가 한 권 두 권 세상에 빛을 보면서 나의 책 읽기 습관에도 적지 않은 변화가 생겼다. 체계 없이 관심이 가는 주제를 '넓게' 살피던 데서 이제는 다음 번 책 출간과 관련된 특정 주제를 '깊게' 파고 들어가는 스타일로 바뀐 것이다.

《열린다 성경》 시리즈 '2탄'의 주제를 놓고 한참을 고민했다. 몇 가지 주제들을 놓고 지인들과 또 출판사 담당자들과 의논하던 중 '예수님의 비유'를 시리즈 2탄의 주제로 삼기로 정했다. 그리고 《열린다 비유》란 이름을 붙이기로 했다. '성경의 유대적 배경'을 전체적인 키워드로 해서 연구를 해나가다 보면 다양한 하부 주제들이 카테고리화된다. 기존에 출간된 시리즈의 1탄은 '유대 문화'란 주제로 카테고리화될 수 있다. 내가 시리즈 2탄의 후보로 제시한 몇 가지 주제 중에서 '예수님의 비유'는 그 자체로서 단연 독보적인 흡인력이 있었다.

'예수님의 비유'는 영미 문화권에서 최고의 문학 작품으로 여겨진다. 이러한 평가는 서구를 대표하는 영미 문화가 범 기독교 문화권인 이유도 크다. 하지만 '예수님의 비유'에 대한 이러한 평가는 단지 크리스천에게만 국한되는 것이 아니다. 이것이 '예수님의 비유'란 주제가 갖고 있는 놀라운 흡인력이다.

예수님의 비유는 신자, 불신자를 막론하고 온 인류에게 가장 지속적인 영향력을 끼쳐 왔다. 성경을 한 번도 접해 보지 않은 사람도 '돌아온 탕자의 비유'라든지 '선한 사마리아인의 비유' 정도는 익히 들어 알고 있다. 불신자 지성인들이 언론을 통해 심심찮게 예화로 거론하기 때문일 것이다.

많은 성경 번역본들이 예수님이 직접 말씀하신 부분에는 특별히 빨간색으로 편집해 구별하고 있다. 비유는 복음서에 기록된 예수님의 직접적인 가르침 가운데 무려 3분의 1을 차지한다. 어떤 학자에 따르면, 예수님은 60개 이상의 비유를 말씀하셨다고 주장하지만 대개 38~48개가량이 예수님이 직접 말씀하신 비유군(比喩群)에 속한다고 보는 것이 학계의 정설이다.

예수님은 '비유가 아니면 가르치지 않았다'(마 13:34)고 말할 정도로 비유를 통해 많은 말씀을 하셨다. 그래서인지 '비유'에 관한 책은 세상에 이미 홍수와도 같이 많이 나와 있다. '비유'를 주제로 책을 쓰려고 인터넷 서점을 검색해 보다가 나는 이런 사실을 재삼 확인할 수 있었다. 그렇다면 왜 다시 '비유'에 관한 책을 쓰려고 하는가? 이미 홍수처럼 나온 비유 해설집과 주석서들 위에 내가 한두 권의 책을 더한들 무슨 의미가 있겠는가? 이런 생각에 골똘히 잠겨 있던 중 갑자기 마음속에서 이런 '발상의 전환'(paradigm shift)이 일어났다.

이미 홍수와 같이 세상에 쏟아진 비유 해설집은 오히려 여전히 예수님의 비유에 대해 알고자 하는 독자들의 열망을 말해 주는 것이 아닐까? 홍수 속에 정작 마실 물은 없다는 말처럼 아직 현대의 수많은 성경 독자들은 자신의 가려움증을 확실하게 긁어 주는 그런 비유책을 기다리고 있는지도 모른다.

비유, 미스터리 또는 수수께끼?

비유에 대한 책들이 세상에 많이 나와 있음에도 독자들이 여전히 목말라 하는 지금의 현실을 어떻게 설명해야 할까? 이것은 아마도 초대교회 때부터 '예수님의 비유'를 풀기 힘든 '수수께끼'나 '미스터리'로 간주해 오던 비유 해석의 장구한 역사와 그로 인해 생겨난 선입관 때문일 것이다.

예수님의 비유는 수많은 해설서나 주석서의 도움을 받아야만 간신히 이해할 수 있는 '난해문'이나 해독이 필요한 '암호문'이 결코 아니다. 만약 그랬다면 예수님에게 직접 비유의 말씀을 듣던 1세기 당시 청중들은 아무도 그 심오한 뜻을 이해하지 못했을 것이다. 예수님을 따라다니던 1세기 유대인 청중들은 높은 수준의 신학적 훈련이나 고등교육을 받은 인텔리들이 아니었다. 예수님은 배움의 정도가 전반적으로 하향 평준화된 청중을 대상으로 그들의 눈높이에 맞추기 위해서 '비유'라고 하는 독특한 방법으로 가르치신 것이다.

예수님의 비유는 전반적으로 '스토리'(이야기)의 형태를 띠고 있다. 아이들이 옛날이야기를 좋아하듯이 '스토리'는 인텔리와 비인텔리 간의 갭을 메워 주는 효과적인 도구가 된다. 예수님이 당시의 청중들을 모아 놓고 '하나님 나라는 무엇인가'라는 주제로 복잡한 신학 강론이나 장광설을 늘어놓으셨다면 청중들의 반응은 어떠했을까? 일단 예수님 주변에는 그다지 많은 사람들이 모이지 않았을 것이다. 동서고금을 막론하고 어렵고 따분한 강의를 도시락까지 싸 들고 다니면서 듣는 청중들은 그리 많지 않기 때문이다.

예수님은 타고난 '스토리텔러'(이야기꾼)로서 배움이 짧은 1세기 당시 청중들에게 '비유'로 불리는 차원 높은 이야기를 사용해 하나님 나라의 진리를 가르치셨다. 이런 예수님께 '비유'는 청중들과 효과적으로 커뮤니케이션할 수 있는 확실한 도구였다. 인텔리와 비인텔리가 섞여 있는 불특정 다수를 대상으로 강의할 때는 스토리(또는 예화)를 적절히 사용하는 것이 무척 효과적이라는 사실은 현대의 커뮤니케이션 기법에서도 검증되었다.

비유는 이처럼 어린아이도 쉽게 알 수 있는 단순하고 명백한, 그리고 교훈을 담고 있는 스토리다. 더 나아가 예수님의 비유는 대부분 청중들에게 즉각적인 결단을 촉구하고 있는데 오직 '예스' 아니면 '노'로 화답할 수 있을 뿐이다. 거기에는 '예스'도 '노'도 아닌 어정쩡한 회색지대는 없다. 우리는 복음서에서 예수님의 비유를 듣고 '예스'로 수긍한 많은 청중들을 볼 수 있다. 반면 비유의 의미와 교훈을 파악해 놓고도 여전히 완강하게 버티며 불순종한 종교 지도자들을 잘 알고 있다.

> "대제사장들과 바리새인들이 예수의 비유를 듣고 자기들을 가리켜 말씀하심인 줄 알고 잡고자 하나 무리를 무서워하니 이는 그들이 예수를 선지자로 앎이었더라"(마 21:45–46).

이처럼 예수님의 비유는 비인텔리 청중들도 쉽게 알아듣고 즉각적인 순종으로 화답할 수 있는 평범한 스토리였다.

알레고리: 비유를 수수께끼로 만든 숨은 이유

1세기 당시 쉽고 단순한 메시지였던 예수님의 비유가 왜 오늘날 우리에게는 불교의 '선문답'처럼 어렵게 느껴지는 것일까?

이쯤 해서 앞에서 잠깐 언급한 '비유 해석의 역사'에 대해 기술할 시점이 된 것 같다. 동일한 비유를 놓고 1세기 청중들과 현대의 성경 독자들이 느끼는 이해의 정도가 크게 차이 나는 이유는 '비유 해석의 역사'를 추적할 때 그 실마리를 찾을 수 있다.

예수님의 비유는 초대교회 때부터 '알레고리'(allegory)라는 독특한 해석 방법을 통해 신비화, 은유화되기 시작했고, 알레고리는 수세기 동안 두꺼운 장막처럼 예수님이 말씀하신 비유의 본래적인 의미들을 가리고 있었다.

알레고리로 예수님의 비유를 해석한 대표적인 예는 '선한 사마리아인의 비유'에 대한 초대 교부 어거스틴의 해석에서 찾을 수 있다. 알레고리는 하나의 비유 속에 등장하는 각각의 요소에 독특하고 서로 다른 신학적 의미들을 부여하는 해석 방법이다. 어거스틴의 알레고리 해석에 따르면, '선한 사마리아인의 비유'에 등장하는 각각의 요소들은 이러한 신학적 의미가 있다.

강도 만난 무명의 나그네	첫 사람 아담
예루살렘	천상의 도시(에덴동산)
여리고	죽을 운명의 인간(죄로 가득한 세상)
강도	사탄과 원수들
제사장	율법서
레위인	예언서
선한 사마리아인	예수 그리스도
상처를 싸맴	죄의 소욕을 절제함
나귀	예수님의 성육신
여관	교회
이튿날	예수 그리스도의 부활 이후
여관 주인	사도 바울
두 데나리온	현세와 내세에서의 약속의 말씀
선한 사마리아인의 돌아옴	예수 그리스도의 재림

좀 얼토당토않고 견강부회와 같은 부분이 없지 않지만 현대의 성경 독자들은 이미 강단에서 선포되는 설교를 통해 어느 정도 익숙한 내용일지도 모른다. 하지만 여기에서 짚고 넘어가야 할 중요한 문제들이 대두된다.

이런 알레고리 해석이 비유를 말씀하신 예수님의 본래 의도였을까? 초대교회 때부터 알레고리로 예수님의 비유를 해석하는 방법은 무려 19세기까지 이어져 왔고 지금도 그 영향은 강하게 남아 있다. 하지만 알레고리가 예수님의 비유를 해석하는 올바른 도구라고 가정한다면 우리는 두 가지의 심각한 문제에 봉착하게 된다.

첫째, 우리는 어거스틴과 같은 탁월한 신학자의 도움이 없으면 예수님의 가르침 중 3분의 1이나 차지하는 비유의 가르침을 도저히 이해할 수가 없다. 그렇다면 예수님으로부터 비유를 직접 듣던 1세기 청중들은 어땠을까? 물론 그들 중에도 예수님의 비유를 이해한 사람은 거의 없었을 것이다.

둘째, 예수님의 많은 비유들은 일관되게 한 가지 교훈을 담고 있다. 그런데 알레고리로 비유 속에 등장하는 각각의 요소에 독특한 신학적 의미를 부여할 경우 스토리로서의 일관성이 사라지게 된다.

이렇게 예를 들어 설명하면 어떨까? 여기에 200피스(piece)로 이루어진 퍼즐 그림이 있다고 치자. 그런데 한쪽은 하나의 완성된 작품으로 된 퍼즐이고 다른 한쪽은 200개나 되는 퍼즐 조각이 전부 사방으로 흩어져 있다. 예수님은 완성된 퍼즐로서 비유를 말씀하셨지만 초대교회 이후로 신학자들이 각각의 퍼즐 조각을 따로따로 떼어 놓은 형국이 아닐까? 이것이 아마도 예수님의 비유를 이해하는 데 있어서 현대의 성경 독자들이 맞닥뜨린 난관이 아닐까 싶다.

무엇이 비유 해석의 알레고리화를 촉진했는가?

　그러면 왜 초대교회 이후로 예수님의 비유 위에 복잡하고 두꺼운 알레고리의 장막이 쳐진 것일까? 예수님의 십자가와 부활 이후 사도시대와 교부시대로 넘어가는 초대교회의 다양한 상황들이 비유 해석의 알레고리화에 관여하게 된다.

　첫째, 초대교회 교부들은 예수님의 단순하고 평이한 비유의 말씀 속에서 뭔가 보다 깊고도 심오한 의미를 찾아야 한다는 무의식적인 기대와 도전이 있었다. 이러한 심리 현상은 지극히 자연스러운 것인데, 현대 사회에서도 비슷한 예를 찾을 수 있다. 바로 김수환 추기경이 돌아가신 후 나타났던 사회적 반응이다. 한국 사회에서 종교계의 어른으로 존경 받던 김수환 추기경이 돌아가시자 한동안 그분과 관련된 책들이 모두 베스트셀러에 오른 적이 있다. 김수환 추기경은 생전에 스스로를 '바보'라고 종종 표현하셨는데 많은 책들의 제목에 '바보'가 들어간 것도 그런 이유에서다.

'바보가 바보들에게'

'하늘의 별이 된 바보 김수환'

평범한 사람이 자신을 바보라고 하면 듣는 사람은 그 사람을 진짜 바보라고 생각하겠지만, 김수환 추기경 같은 분이 스스로를 바보라고 했다면 상황이 달라진다. 사람들은 추기경이 말한 '바보'에 담긴 심오한 의미가 무엇일까를 주제로 고민하게 되는 것이다. 아마도 김수환 추기경은 무슨 심오한 신학적 의미를 염두에 두지 않고 그저 하나님 앞에 스스로를 바보라고 말했을 것이다.

둘째, 로마가 당시에 알려진 문명 세계의 대부분을 점령한 1세기 이후의 상황은 세계화의 흐름인 헬레니즘의 강력한 영향 아래 있었고 이것은 이스라엘도 예외가 아니었다. 헬레니즘 세계에서는 신화들의 알레고리적인 해석이 널리 알려져 있었고, 이즈음 이집트의 알렉산드리아를 중심으로 탄생한 헬레니즘 유대교에서는 알레고리적 성서 해석이 독립된 학파를 이룰 정도였다. 이런 상황에서 기독교 교부들에게도 헬레니즘의 영향이 깊숙이 스며들었을 것이라는 예상은 전혀 무리가 아니다.

셋째, 비유의 알레고리적 해석은 예수님이 비유를 말씀하시고 직접 알레고리적인 해석을 덧붙인 네 군데 본문의 영향력이 컸다.

마태복음 13장 37–43절

마태복음 13장 49–50절

열린다 비유
선한 사마리아인 이야기

마가복음 4장 14-20절

요한복음 10장 7-18절

여기에서 네 군데 본문을 모두 인용하는 것은 무리라 싶고 이 중에서 마가복음 4장 14-20절만 인용하려고 한다. 이 본문은 '씨 뿌리는 자의 비유'에 대한 예수님 자신의 해석인데 '선한 사마리아인의 비유'에 대한 어거스틴의 해석을 다시 보는 듯한 느낌을 준다.

> "뿌리는 자는 말씀을 뿌리는 것이라 말씀이 길가에 뿌려졌다는 것은 이들을 가리킴이니 곧 말씀을 들었을 때에 사탄이 즉시 와서 그들에게 뿌려진 말씀을 빼앗는 것이요 또 이와 같이 돌밭에 뿌려졌다는 것은 이들을 가리킴이니 곧 말씀을 들을 때에 즉시 기쁨으로 받으나 그 속에 뿌리가 없어 잠깐 견디다가 말씀으로 인하여 환난이나 박해가 일어나는 때에는 곧 넘어지는 자요 또 어떤 이는 가시떨기에 뿌려진 자니 이들은 말씀을 듣기는 하되 세상의 염려와 재물의 유혹과 기타 욕심이 들어와 말씀을 막아 결실하지 못하게 되는 자요 좋은 땅에 뿌려졌다는 것은 곧 말씀을 듣고 받아 삼십 배나 육십 배나 백 배의 결실을 하는 자니라"(막 4:14-20).

이 네 군데 본문과 함께 비유의 알레고리화에 가속도를 붙인 것은 분명 이 말씀의 절대적인 영향 때문일 것이다.

"이르시되 하나님 나라의 비밀을 너희에게는 주었으나 외인에게는 모든 것을 비유로 하나니"(막 4:11).

즉 예수님의 비유는 하나님 나라에 속한 영적인 비밀로서 주어진 것이기 때문에 일개 범인들이 쉽게 깨닫기 힘든 수수께끼와 같다는 것이다.

'비유'를 뜻하는 영어, 헬라어, 히브리어

그렇다면 비유는 어린아이도 쉽게 이해할 수 있는 스토리인가, 아니면 신학자의 도움이 있어야만 해석이 가능한 알레고리인가? 이에 대한 해답을 찾기 위해서는 '비유'를 뜻하는 영어, 헬라어, 히브리어 단어의 뉘앙스를 비교해 보는 것이 필요할 듯하다.

'비유'를 뜻하는 영어 단어는 '패러블'(parable)인데, 이것은 헬라어 단어인 '파라볼레'(parabole)에서 파생된 것이다. '파라볼레'는 '―의 옆에'를 뜻하는 '파라'와 '던지다'를 뜻하는 '발레인'이 합쳐진 복합명사다. 즉 헬라어적으로 비유는 '다른 것 옆에 던져진 무엇', 즉 '다른 것에 견주어서 말하는 것'을 의미한다.

히브리어로 비유는 '마샬'(משל)이라고 하는데, 이것은 현대 히브리어에서도 광범위하게 사용되는 단어다. '예컨대'라는 표현을 히브리어로 '레마샬'이라고 하는데, 대화 중에 수시로 나오는 말이기도 하다. 마샬은 속담, 삽화, 이야기, 수수께끼, 일화, 우화, 알레고리를 모두 포괄하는 넓은 의미를 가지고 있다. 즉

열린다 비유
선한 사마리아인 이야기

비유에는 알레고리적인 면이 있지만 모든 비유를 천편일률적으로 알레고리적 해석으로만 접근하는 것은 무리가 있다는 것이다.

초대교부인 오리겐, 어거스틴을 거치면서 비유의 알레고리적 해석은 가장 보편적인 것이 되어 왔다. 하지만 이런 흐름에 종지부를 찍은 사람이 20세기 초에 등장한 독일 신학자 아돌프 율리허(Adolf Julicher)다. 그는 자신의 책《예수의 비유》(Die Gleichnisreden Jesu, 1910)에서 지나친 알레고리적 해석으로 인해 수세기 동안 비유들이 어떻게 왜곡되고 부당하게 취급되었는가를 밝히고 있다. 그런 의미에서 율리허는 현대의 비유 해석학의 선구자로 불린다.

율리허를 통한 비유의 탈알레고리화 작업은 영국의 신학자인 도드(C. H. Dodd)를 거쳐 진일보하게 된다. 그는《하나님 나라의 비유》(The Parable of the Kingdom, 1935)에서 '실현된 종말론'을 주제로 예수님의 비유를 해석했다.

2차 세계대전 이후 가장 중요한 비유 연구가는 독일의 신학자인 요아킴 예레미야스(J. Jeremias)일 것이다. 그는 도드의 영향을 받았지만 루돌프 불트만의 통찰에도 많이 의존하고 있다. 예레미야스는 예수님의 본래 말씀을 재구성할 수 있도록 했으며 때로는 헬라어 본문의 배후에 있다고 여겨지는 아람어 본문에 대해서도 추론해 보도록 진지한 도전을 주고 있다.

 비유의 키워드: 하나님 나라

1세기 당시 이스라엘 땅을 거니시던 예수님은 비유를 통해 무엇을 가르치고

자 했을까? 예수님의 가르침 중 3분의 1이나 차지하는 비유는 많은 경우 '하나님 나라'(천국)를 주제로 하고 있다.

하나님 나라는 어떤 곳인가?
하나님 나라를 지배하는 윤리와 가치관은 이 땅의 그것과 어떻게 다른가?
하나님 나라의 통치자인 하나님의 성품은 어떠한가?
하나님은 하나님 나라의 시민이 될 우리에게 무엇을 요구하시는가?

이상에 열거된 질문들이 예수님의 비유가 다루고 있는 주된 주제들이다. 결국 예수님의 비유 전체 속에 흐르는 키워드는 '하나님 나라'라고 할 수 있다. 예수님이 공생애 사역을 시작하면서 선포하신 말씀도 이런 의미에서 새롭게 이해할 수 있다.

"이때부터 예수께서 비로소 전파하여 이르시되 회개하라 천국이 가까이 왔느니라 하시더라"(마 4:17).

 비유: 천국으로 인도하는 초청장, 천국을 바라보게 하는 렌즈

예수님은 '비유'를 통해 우리가 살아가야 할 세상에서 하나님 나라를 그려내고 있다. 그러나 문제는 '하나님 나라'가 너무나 크고도 신비하고 놀라워서

열린다 비유
선한 사마리아인 이야기

이 세상의 어떤 말로도 설명과 묘사가 불가능하다는 데 있다. 예수님이 '비유'란 방법을 즐겨 사용하신 이유도 여기에 있다. 예수님은 비유를 들어 크고도 신비한 하나님 나라를 아주 쉽게 설명해 주셨다.

예수님의 비유는 지어 낸 이야기이지만 전혀 황당무계하거나 비현실적이지 않다. 그것은 예수님이 1세기 당시 이스라엘의 일상생활에서 흔히 경험할 수 있는 현실 속의 테마에서 비유를 끌어내셨기 때문이다. 예수님의 비유에는 당시의 농업, 어업, 상업, 목축업, 건축업, 결혼, 가정생활 등 누구나 비유를 들으면 고개를 끄덕일 수밖에 없는 일상적인 삶의 정취들이 묻어 있다.

이런 점에서 예수님의 비유(parable)는 이솝의 우화(fable)와는 차원이 다르다. 우화는 말 그대로 꾸며 낸 이야기다. '말을 하는 당나귀'는 인간 세상을 풍자하고 신랄하게 비판하기 위해 이야기꾼이 지어 낸 허황된 캐릭터다. 반면에 비유는 우화와 달리 구체적이고 현실적인 인간 삶에 기반을 둔 지혜의 말씀이다.

예수님의 비유는 많은 경우 재미있는 '이야기' 형식을 띠고 있다. 딱딱한 강론은 청중들을 힘들게 하지만 스토리텔링은 청중들을 쉽게 이야기 속으로 빠져들게 만든다. 예수님의 비유를 듣는 청중들은 어느새 객석에 앉아 있는 방관자에서 무대 위로 올라와 주인공이 된다. 선한 사마리아인의 비유를 듣는 청중들은 자신을 강도 만난 불쌍한 여행객으로 생각하며 슬금슬금 무대 위로 올라온다. 또는 불쌍한 여행객을 모른 체하고 지나간 매몰찬 제사장과 레위인이 자기가 아닌가 찔림을 받기도 한다. 무대 위에 올라온 청중들은 사마리아인이 베푼 믿기지 않는 선한 행동으로 인해 충격의 도가니에 빠져든다. 충격을 받아 사색이 된 청중들에게 예수님의 행동강령이 떨어진다.

"너희도 이같이 하라."

　예수님은 비유를 통해 단순히 하나님 나라를 그려 내는 것에서 머물지 않고 이 세상의 질서와 가치관, 윤리 등을 뒤집어엎는 충격 요법과 깜짝쇼를 즐겨 사용하신다. 부조리와 불합리가 판치는 이 세상을 한바탕 흔들고 뒤집어엎은 후에 비로소 사랑과 공의가 다스리는 하나님 나라가 소개되는 것이다. 예수님은 이내 비유를 듣는 청중들에게 회개와 구체적인 결단을 촉구하신다. 현대의 비유 해석가인 도드는 비유에 대한 가장 영향력 있는 정의를 내리고 있는데, 참으로 깊은 통찰을 담고 있다.

　　"비유는 자연이나 일상생활로부터 끌어온 은유 혹은 직유인데, 그 생생함
　　이나 기괴함으로 청중들을 사로잡고, 그것을 그대로 적용하여 실행하려
　　는 사람들에게 많은 의심을 남겨 주는 골치 아픈 것이다."

　비유를 듣는 청중들은 괴롭지만 '예스' 또는 '노'로 화답해야 한다. 그리고 즉각적인 결단과 함께 행동해야 한다. 미국의 비유 연구의 대가인 존 도미닉 크로산(John Dominic Crossan)이 비유를 '우리 발밑에 있는 땅을 갈라지게 하는 지진'이라고 정의한 것도 이런 이유에서다. 예수님의 비유를 듣고 '예스'로 화답하는 자만이 하나님 나라에 들어갈 수 있다. '노'라고 거부하는 자는 땅 속으로 떨어질 것이다. 고라 일당에 속한 반역자들을 하나님이 땅을 갈라 삼켜 버리신 것처럼 말이다(민 16:31-33). 그런 점에서 비유는 우리를 하나님 나라로 인도하는

'초청장'이다.

예수님의 비유를 듣고 '예스'로 화답하는 자는 자신이 세상의 왜곡된 진리 속에서 살아왔음을 깨닫고 하나님 나라의 참된 진리를 바라보게 된다. 그런 점에서 비유는 하나님 나라를 바라보게 하는 '렌즈'다.

 변사와 함께 비유 스토리의 현장 속으로…

예수님의 비유를 듣던 1세기의 청중들에게 비유의 이해를 돕는 주석서나 해설집 같은 것은 필요하지 않았다. 예수님은 당시 유대인이라면 누구나 다 알아들을 수 있는 생활 속의 평범한 이야기를 통해 엄청난 하나님 나라의 진리를 이 땅의 그것과 넌지시 비교하면서 드러내셨다. 이것은 그들 사이에 이미 역사적, 문화적, 지리적 공감대가 있었기 때문에 가능했다.

"천국은 마치 밭에 감추인 보화와 같으니 사람이 이를 발견한 후 숨겨 두고 기뻐하며 돌아가서 자기의 소유를 다 팔아 그 밭을 사느니라"(마 13:44).

"또 천국은 마치 좋은 진주를 구하는 장사와 같으니"(마 13:45).

비유를 읽는 현대의 성경 독자들에게 필요한 것은 예수님과 1세기 청중들이 공유하던 공감대의 현장 속으로 들어가는 것이다. 어떻게 그럴 수 있을까? 나는 《열린다 비유》를 다루면서 비유에 대한 신학적인 해석을 시도하지 않을 것이다. 단지 예수님과 1세기 청중들이 교감하던 역사적, 문화적, 지리적 공감대를 찾기 위한 작업에만 몰두할 것이다. 바로 그것만이 비유로 가르치신 예수님, 즉 스토리텔러이신 예수님이 원래 의도하던 메시지를 찾을 수 있는 올바른 접근 방법이라고 확신하기 때문이다.

오리겐, 어거스틴과 같은 신학자들이 제시한 비유의 알레고리적인 해석들은 분명 뛰어난 영해(靈解)이지만 비유를 말씀하신 예수님의 본뜻과는 거리가 멀다. 그래서 알레고리적 해석은 예수님과 1세기 청중들이 살던 삶의 자리에서가 아니라 해석자가 살고 있는 삶의 자리에서 일어난 '투사' 내지는 '작위적 해석'이라는 비판을 받아 왔다. 종교개혁 시대에 루터는 알레고리를 '밀랍(wax)의 코'(마음대로 구부릴 수 있는 어떤 것), 즉 우리 식으로 표현하면 '코에 걸면 코걸이, 귀에 걸면 귀고리'와 같은 해석 방법이라고 신랄하게 비판한 바 있다.

나는 '비유 이야기'를 쓰면서 예수님과 1세기 청중 사이에 공감하던 본래적 삶의 현장으로 돌아가 그 원초적 의미를 밝히고자 최선의 노력을 다할 것이다. 춘향전이나 심청전을 현대인에게 공연한다고 할 때 '변사'의 역할은 절대적으로 중요하다. 당시의 역사적, 문화적, 지리적 배경에 대한 변사의 친절한 설명은 현대인이 공감하고 이해하기 힘든 춘향전과 심청전의 현장 속으로 인도하는 길잡이가 될 것이다.

자, 그러면 변사 류모세의 안내를 받으며 2000년 전 이스라엘 땅을 누비며 예수님과 청중들이 주고받던 흥미진진한 비유의 현장 속으로 들어가 보자.

선한 사마리아인의 비유 성경 구절

누가복음 10장 26~37절

26 예수께서 이르시되 율법에 무엇이라 기록되었으며 네가 어떻게 읽느냐

27 대답하여 이르되 네 마음을 다하며 목숨을 다하며 힘을 다하며 뜻을 다하여 주 너의 하나님을 사랑하고 또한 네 이웃을 네 자신 같이 사랑하라 하였나이다

28 예수께서 이르시되 네 대답이 옳도다 이를 행하라 그러면 살리라 하시니

29 그 사람이 자기를 옳게 보이려고 예수께 여짜오되 그러면 내 이웃이 누구니이까

30 예수께서 대답하여 이르시되 어떤 사람이 예루살렘에서 여리고로 내려가다가 강 도를 만나매 강도들이 그 옷을 벗기고 때려 거의 죽은 것을 버리고 갔더라

31 마침 한 제사장이 그 길로 내려가다가 그를 보고 피하여 지나가고

32 또 이와 같이 한 레위인도 그 곳에 이르러 그를 보고 피하여 지나가되

33 어떤 사마리아 사람은 여행하는 중 거기 이르러 그를 보고 불쌍히 여겨

34 가까이 가서 기름과 포도주를 그 상처에 붓고 싸매고 자기 짐승에 태워 주막으 로 데리고 가서 돌보아 주니라

35 그 이튿날 그가 주막 주인에게 데나리온 둘을 내어 주며 이르되 이 사람을 돌보 아 주라 비용이 더 들면 내가 돌아올 때에 갚으리라 하였으니

36 네 생각에는 이 세 사람 중에 누가 강도 만난 자의 이웃이 되겠느냐

37 이르되 자비를 베푼 자니이다 예수께서 이르시되 가서 너도 이와 같이 하라 하 시니라

01

율법사는
과연
누구인가?

율법사의 사회적 위치와 파워

율법학자들의 대다수는 명문 사제 계급에 속한 사람들보다는 가난한 평민들이었다.
이들은 율법에 대한 탁월한 지식이라는 공통된 루트를 통해
당시 명망 있는 율법학자단에 가입함으로써
사회적 영향력을 극대화할 수 있었다.

'선한 사마리아인의 비유'로 알려진 유명한 이야기는 율법사와 예수님이 '영생'을 주제로 벌인 불꽃 튀는 토론을 그 배경으로 하고 있다.

"어떤 율법교사가 일어나 예수를 시험하여 이르되 선생님 내가 무엇을 하여야 영생을 얻으리이까"(눅 10:25).

'영생'은 1세기 유대인들의 주요 관심 주제 중 하나였는데, 마태복음에도 '영생'이란 주제를 들고 예수님을 찾아온 부자 청년의 이야기가 기록되어 있다.

"어떤 사람이 주께 와서 이르되 선생님이여 내가 무슨 선한 일을 하여야 영생을 얻으리이까"(마 19:16).

'선한 사마리아인의 비유' 자체만을 놓고 본다면, 이것은 제사장, 레위인, 사마리아인으로 불리는 세 명의 '주연'과 강도를 만나 초주검이 된 신원불명의 여행객을 '조연'으로 하는 드라마 형태를 띠고 있다. 여행객이 조연이라고는 하지만 제사장, 레위인, 사마리아인이 각각 등장하는 세 개의 장면에 모두 출연하는 배우는 이 여행객밖에 없다. 그래서 혹자는 이 비유를 '강도 만난 나그네의 비유'로 해야 한다고 주장하기도 하지만, 사마리아인의 영웅적인 행동이 워낙 돋보이는 까닭에 '선한 사마리아인의 비유'라는 제목으로 더 알려지게 되었다.

이번 장에서는 본론이 되는 '선한 사마리아인의 비유' 속으로 직행하기에 앞서 이 비유를 낳게 한 '율법사'에 대해 살펴보고자 한다. '선한 사마리아인의 비유'도 결국은 율법사와 예수님이 주고받은 질문과 대답이라고 하는 전체적인 큰 틀 안에 녹아 있는 하나의 스토리이고, 이러한 틀을 먼저 이해할 때 비유를 제대로 알 수 있기 때문이다.

율법사는 변호사? 율법적인 사람?

'선한 사마리아인의 비유'는 이름은 알려지지 않고 오로지 직업만 알 수 있는 어떤 사람과 대화하면서 나온 이야기다. 헬라어 원어에 '노미코스'($\nu o \mu \iota \kappa \acute{o} \varsigma$)로 된 이 사람의 직업을 영어성경(KJV, NASB)은 'lawyer'(변호사)로 번역하고 있다. 하지만 비유의 배경이 되는 1세기 당시 이스라엘의 종교적, 사회적 배경에 익숙하지 않은 현대의 성경 독자들은 이러한 문자적 번역(직역)이 주는 애매한 뉘앙스로 인해 비유가 펼쳐지는 실제의 현장과 상황 속으로 몰입하는 데 어려움을 겪게 된다.

1세기 이스라엘 땅에서 변호사는 민사, 또는 형사 소송을 담당하는 현대적 의미의 '변호사'와는 엄연히 달랐다. 1세기 이스라엘은 민사, 형사, 종교가 하나로 통합된, 순수한 의미의 신정(神政)체제 사회였다. 이러한 사회적 구조 속에서 변호사는 현대인들이 생각하는 지엽적이고 분화된 수많은 직업 가운데 하나가 아니었다.

'노미코스'가 다룬 법은 세속법이 아니라 하나님의 율법이었다. 그러므로 현대적 의미에서 가장 가까운 직업을 찾는다면 '종교학 교수' 또는 '성경학자'가

될 것이다. 하지만 당시의 율법이 종교뿐 아니라 민사, 형사를 포함한 세속적인 삶의 부분도 함께 다루고 있기 때문에 현대적 의미의 종교학 교수보다는 '노미코스'가 다루는 법의 범위가 훨씬 넓다고 할 수 있다.

물론 영어성경의 'lawyer'와 마찬가지로 한글성경의 '율법사'란 번역도 비유를 듣는 1세기 유대인 청중들의 관점과 비교해 볼 때 잘못된 이미지를 줄 수 있다. '율법'을 '은혜'와 대비되는 부정적 개념으로 이해하는 현대의 성경 독자들에게는 율법사의 이미지가 긍정적일 수 없다. '율법적으로 사는 사람', 더 나아가 '율법적으로 남을 판단하는 사람'이란 부정적인 인상이 짙다.

그렇다면 과연 예수님의 비유를 듣던 1세기 유대인 청중들도 그렇게 생각했을까? 예수님과 율법사가 영생을 주제로 벌인 열띤 토론을 흥미진진하게 구경하던 당시의 청중들은 과연 누구 편에 서서 응원했을까? 청중들은 율법사를 멸시하고 압도적으로 예수님을 응원했을까?

율법사, 주전 2세기부터 새롭게 부상한 신흥 세력

1세기 유대인들에게 '율법사'가 주는 느낌과 이미지를 알기 위해서는 율법사가 누구이며, 율법사가 차지하던 당시의 사회적 위치(social position)에 대해 알아야 한다.

남유다와 북이스라엘로 대표되는 '왕국 시대'를 지나, 이스라엘은 두 왕국이 차례로 멸망하고 '포로기 시대'로 접어든다. 포로기 이후의 시대는 이스라엘 역사에서 '왕이 없는 시대'로 불린다. 이런 사회에서 제사장과 같은 사제 계급은 첫 번째로 손꼽는 귀족 계층에 속했다. 제사장, 그중에서도 대제사장은 '하나님으로부터 전권을 위임 받은 자'로 여겨졌고, 그의 직분은 종신직이며 세습직이었다. 이러한 사회적, 종교적 구조 속에서 사제 계급은 당연히 개인의 실력보다는 혈통을 중심으로 유지되는 소수의 특권층일 수밖에 없다.

하지만 이스라엘 사회의 최상류층을 이루던 전통적인 사제 계급은 주전 2세기부터 새롭게 부상한 '율법학자'(율법사)로 불리는 일단의 계급으로 인해 심각한 도전을 받게 된다. 복음서의 배경이 되는 주후 1세기는, 이러한 과거의 상층 계급과 신흥 상층 계급이 최고의 권력을 차지하기 위해 불꽃 튀는 헤게모니 쟁탈전을 벌이던 시대였다.

이는 마치 고려 말기 왕(王) 씨를 중심으로 한 귀족층과 새롭게 부상한 신진 사대부 간의 권력 투쟁을 연상케 한다. 신진 사대부가 승리함으로써 조선이 개국했듯이, 이스라엘 역사도 1세기 말로 향하면서 양측 사이에 팽팽하던 저울추가 점차 율법학자로 불리는 신흥 상층 계급으로 급격히 기울어 갔다.

그러면 신흥 상층 계급을 이루던 율법학자의 구성원은 누구였을까? 그리고 수세기의 전통을 갖고 기득권을 누려 오던 사제 계급과 감히 경합을 벌이고 이들을 당당히 물리칠 정도로 급성장하게 된 비결은 무엇일까? 과연 율법학자들의 파워와 명성은 어디에서 기인한 것일까?

율법학자의 파워: '아는 것이 힘이다'

타고난 혈통과 막대한 재산을 통해 사회적 영향력을 행사해 오던 사제 계급과 달리, 새롭게 부상한 율법학자들이 가진 파워는 오직 율법에 대한 그들의 지식에 있었다. 율법학자를 이루는 구성원들은 참으로 다양했다. 사제 계급에서도 율법에 해박한 지식을 가진 사람들이 소수 있었고, 이들 역시 율법학자단에 가입했던 것을 볼 때 사제 계급과 율법학자가 반드시 서로 양립하는 세력은 아니었음을 알 수 있다.

하지만 율법이 한 개인의 사회적 그물망 구석구석을 통제하던 1세기 이스라엘 사회에서, 율법의 문외한이면서 타고난 혈통과 재산만을 앞세워 거들먹거리는 사제 계급의 몰락은 어찌 보면 자연스런 귀결이었는지 모른다.

쉽게 상상할 수 있듯이 율법학자들의 대다수는 명문 사제 계급에 속한 사람들보다는 가난한 평민들이었다. 신분 이동이 자유롭지 않던 당시로서는 평민들이 상류 사회로 진출할 수 있는 유일한 길은 율법 연구밖에 없었기 때문이다. 따라서 이들이 율법학자단에 가입하기 전에 종사하던 직업과 출신 성분은 참으로 다양했다. 하지만 이들은 율법에 대한 탁월한 지식이라는 공통된 루트를 통해 당시 명망 있는 율법학자단에 가입함으로써 사회적 영향력을 극대화할 수 있었다.

주전 1세기 중반에 예루살렘 율법학자단에서 최고의 권위자로 알려진 스마야와 압탈리온은 율법학자의 진정한 파워가 어디에서 기인하는지를 보여 주는 좋은 예가 된다. 이 두 사람의 공통점은 혈통을 중시하던 이스라엘 사회에서 멸시와 천대를 받던 '개종자' 집안의 후손이라는 것이다. 다시 말해 이들의 조상은 본래 '이방인'으로서 유대교로 개종한 사람들이었다. 그러나 율법학자로서 이들의 명망은 비천한 가문 출신도 심지어 비(非)이스라엘 혈통이라는 꼬리표도 방해가 되지 않았다.

주전 1세기 후반에 샴마이와 함께 예루살렘 율법학자단을 이끌던 힐렐은 본래 바벨론 출신의 날품팔이였다고 한다. 헤롯 대왕이 이스라엘을 통치하던 시절에 힐렐은 스마야와 압탈리온에게서 배우기 위해 몇 주 동안의 도보 여행도 마다하지 않고 바벨론에서 예루살렘으로 왔고 결국 그의 꿈인 '예루살렘 드림'을 이루었다.

바울은 길리기아(현재 터키의 남동부 지방) 지방의 다소(Tarsus)에서 예루살렘으로 유학 온 디아스포라 유대인이었다. 바울이 예루살렘까지 온 목적도 당시 예루살렘 율법학자단의 리더로 알려진 가말리엘 1세의 제자가 되기 위함이었는데, 가말리엘 1세는 힐렐에게서 배운 수제자였다. 이를 볼 때 예수님 당시에 예루살렘은 명실상부한 유대교 신학과 법학의 중심지였음을 알 수 있다.

율법학자단에는 누가 있나?

이쯤 해서 주전 2세기부터 성전이 파괴된 주후 1세기(70년)까지 한 시대를 풍미하며 명성을 날리던 율법학자단 계보를 정리해 보는 것도 의미가 있을 듯하다. 성경의 역사와 연관 지어 표현한다면, 이때는 신구약 중간시대와 신약시대

를 아우르는 시기가 된다. 이 시기에 활동하던 율법학자단의 계보에 대한 이해
는 초대교회 배경사, 그중에서도 복음서의 유대적 배경에 대한 핵심적인 정보
들을 제공해 준다.

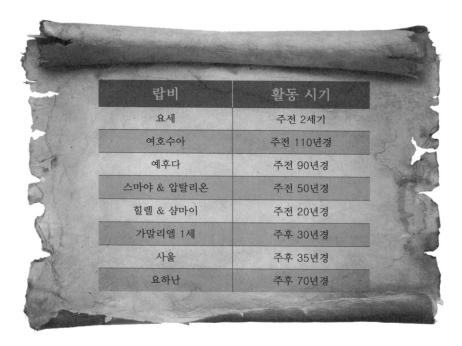

랍비	활동 시기
요세	주전 2세기
여호수아	주전 110년경
예후다	주전 90년경
스마야 & 압탈리온	주전 50년경
힐렐 & 샴마이	주전 20년경
가말리엘 1세	주후 30년경
사울	주후 35년경
요하난	주후 70년경

　이 중에서 랍비 가말리엘 1세와 그의 제자인 랍비 사울은 특별히 언급할 만
하다. 랍비 사울이란 우리가 너무나 잘 아는 사도 바울을 말한다. 바울도 다
메섹 도상에서 부활하신 예수님을 만나기 전에는 당대 최고 랍비인 가말리엘
1세의 뒤를 잇는 율법학자 반열의 선두에 선 인물이었다. 바울을 가르친 랍비
가말리엘 1세는 성경에도 등장하는 인물이다.

먼저 바울 자신의 고백을 통해서 등장하는데, 바울은 자신을 심문하는 유대 종교 지도자들 앞에서 자신도 이전에는 랍비 가말리엘의 문하생이었음을 밝히고 있다.

> "나는 유대인으로 길리기아 다소에서 났고 이 성에서 자라 가말리엘의 문하에서 우리 조상들의 율법의 엄한 교훈을 받았고 오늘 너희 모든 사람처럼 하나님께 대하여 열심이 있는 자라"(행 22:3).

예수님 승천 후에 이스라엘에서 최고의 영향력을 행사하던 인물로서 랍비 가말리엘이 등장한다. 십자가에서 죽으신 예수님의 뒤를 이어서 복음을 전파하던 사도들의 맹활약으로 인해 예루살렘에는 일대 혼란이 일어났다. 결국 산헤드린 공회가 소집되고 사도들은 재판정에 서게 되었다.

하지만 사도들의 행동을 어떻게 제지할 것인가를 놓고 갑론을박이 벌어졌을 때 이러한 논란에 종지부를 찍고 사도들을 변호한 인물로서 가말리엘 1세가 등장한다. 사법의 최고 결정권을 가진 산헤드린 공회에서 놀라운 발언권을 행사한 가말리엘을 통해 우리는 당시 이스라엘 사회에서 율법사의 권위와 명성이 어떠했는가를 쉽게 짐작할 수 있다.

> "바리새인 가말리엘은 율법교사로 모든 백성에게 존경을 받는 자라 공회 중에 일어나 명하여 사도들을 잠깐 밖에 나가게 하고 말하되 이스라엘 사람들아 너희가 이 사람들에게 대하여 어떻게 하려는지 조심하라 이 전

에 드다가 일어나 스스로 선전하매 사람이 약 사백 명이나 따르더니 그가 죽임을 당하매 따르던 모든 사람들이 흩어져 없어졌고 그 후 호적할 때에 갈릴리의 유다가 일어나 백성을 꾀어 따르게 하다가 그도 망한즉 따르던 모든 사람들이 흩어졌느니라 이제 내가 너희에게 말하노니 이 사람들을 상관하지 말고 버려두라 이 사상과 이 소행이 사람으로부터 났으면 무너질 것이요 만일 하나님께로부터 났으면 너희가 그들을 무너뜨릴 수 없겠고 도리어 하나님을 대적하는 자가 될까 하노라 하니 그들이 옳게 여겨 사도들을 불러들여 채찍질하며 예수의 이름으로 말하는 것을 금하고 놓으니 사도들은 그 이름을 위하여 능욕 받는 일에 합당한 자로 여기심을 기뻐하면서 공회 앞을 떠나니라"(행 5:34–41).

율법학자: 입신양명의 지름길, 그러나 좁고도 험난한 길

그러나 명망 있는 율법학자단에 소속돼 신분의 수직 상승을 꾀한다는 것은 말처럼 그리 쉬운 일이 아니었다. 2세기 이후 후기 랍비 문헌에는 40세에 서품(안수, 행 6:6)을 받아 정식으로 '랍비'가 된다고 기록하고 있는데, 이러한 교육은 5세부터 시작되는, 어찌 보면 당시의 평균 연령을 감안할 때 일생을 투자해야 하는 고된 연수 과정이 필요했다.

나사렛 출신 예수님이 정규적인 교육 과정을 이수하지 않았음에도 '랍비'로 불린 것을 볼 때, 주후 70년 성전 파괴 이전에는 '랍비'라는 칭호가 보다 보편적으로 사용된 것을 알 수 있다. 하지만 이러한 비공식 랍비들은 정식 랍비와 구별하기 위해 특별히 '배우지 않고도 글을 아는 자'로 간주되었다.

> "이미 명절의 중간이 되어 예수께서 성전에 올라가사 가르치시니 유대인 들이 놀랍게 여겨 이르되 이 사람은 배우지 아니하였거늘 어떻게 글을 아 느냐 하니"(요 7:14-15).

서품을 받은 율법학자들은 자신들의 판결로서 유대인 공동체의 일거수일투 족을 통제할 수 있는 행동 규약을 만들 만큼 절대적인 권세가 있었다. 이런 권 세는 당시 랍비들의 전문용어로 표현하면 '매기도 하고 풀기도 하는' 권세로 불렸다. 비록 비공식 랍비지만 예수님도 당시의 랍비들처럼 수제자인 베드로에 게 예수 공동체를 다스릴 행동규약을 제정할 수 있는 권세를 주셨다.

> "내가 천국 열쇠를 네게 주리니 네가 땅에서 무엇이든지 매면 하늘에서도 매일 것이요 네가 땅에서 무엇이든지 풀면 하늘에서도 풀리리라 하시고"
> (마 16:19).

일개 평민으로 당대 최고의 율법학자단에 가입해 영향력을 행사한다는 것은 오늘날의 표현으로 하면 '입신양명' 또는 '개천에서 용 난' 경우라 할 수 있다.
성전 파괴 이후 주후 2세기에 활동하던 랍비 아키바의 일생은 이러한 입신양 명의 전형적인 예에 해당한다.

아키바는 대지주의 가축을 돌보는 목자로서 하루하루를 연명하던 무학자였다. 일종의 '머슴'이었던 것이다. 이런 그가 주인집 딸인 라헬을 사랑하여 결혼을 하지만 라헬은 부모의 눈 밖에 나게 되고, 결국 두 사람은 집에서 쫓겨나 극심한 가난에 허덕이게 된다.

아내 라헬은 그때까지도 글을 모르는 '까막눈'이던 남편이 학문을 통해 입신양명할 수 있도록 동기부여를 했고, 굳은 결심을 하고 집을 나선 남편은 13년 후 당대 최고의 랍비가 되어 돌아온다. 그를 냉대하던 장인도 최고 랍비가 되어 금의환향한 사위를 환대하는데, 납작 엎드려 절을 함으로써 최고의 예우를 나타낸다. 이 아키바 이야기는 이스라엘판 '바보 온달과 평강공주'로서 탈무드에서 가장 유명한 러브스토리다.

율법사: 현대의 연예인처럼 추앙 받던 당대의 아이돌(?)

주전 2세기 이후 새롭게 부상한 율법학자들은 정부의 재판기구와 교육기구에서 가르칠 수 있는 특권을 부여 받았고, 평민의 신분으로서는 혈통을 앞세운 사제 계급과 함께 이스라엘 최고 사법기관인 산헤드린의 재판관에 선임될 수 있는 유일한 집단이 되었다. 이러한 산헤드린 율법학자들 가운데 가장 중요한 인물로 스마야, 니고데모(요 3:1, 7:50), 가말리엘 1세(행 5:34)를 들 수 있다.

이외에도 어떤 공동체에서 장로나 회당장, 재판관 등을 임명할 경우 율법학자와 일반인이 동시에 입후보했다면 율법학자가 우선으로 선출되는 것이 당시의 관행이었다. 이런 사실들은 1세기 당시에 이미 과거 사제 계급이 독차지하던 수많은 요직들이 상당 부분 율법학자들에 의해 잠식되었음을 보여 준다.

율법학자들이 대다수 백성들로부터 높은 신뢰와 명망을 얻었다는 사실을 보여 주는 자료들은 적지 않다. 이 중 두 가지 실례를 든다면 다음과 같다.

탈무드(b.Joma 71b)는 어느 해 대속죄일에 있었던 사건을 기록하고 있다. 대속죄일 저녁에 대제사장이 속죄제사를 무사히 마치고 군중들의 호위를 받으며 집으로 돌아가고 있을 때였다. 당대 최고의 율법학자인 스마야와 압탈리온이 지나가자 군중들은 대제사장을 내팽개친 채 이 존경하는 율법학자 주위로 몰려들어 대제사장을 화나게 만들었다고 한다.

이를 통해 제아무리 대제사장이라도 명망 있는 율법학자의 대항마가 될 수 없었음을 알 수 있다. 이런 상황은 오늘날 연예인이 지나갈 때도 비슷하게 재현되는데, 당시 율법학자의 인기와 명성은 현대의 연예인 혹은 아이돌 그룹과

족히 견줄 만하게 인기 있었다.

1세기 유대인 역사가 요세푸스는 주전 4년 헤롯 대왕이 죽기 3주 전에 일어난 사건을 기록하고 있다. 어느 율법학자의 설교를 듣고 깊이 감동을 받은 추종자들은 목숨을 걸고 헤롯이 성전 입구에 세워 놓은 금독수리 형상을 파괴했다. 이 율법학자는 조상들의 율법에 정통해 모든 백성으로부터 존경을 받았고, 그가 율법을 강해할 때는 수많은 젊은이들이 몰려와 그 주위에 장사진을 이루었다고 한다. 추종자들은 헤롯이 성전 입구에 세운 금독수리 형상이 우상에 해당한다는 율법학자의 설교를 듣고 이를 과감히 부순 것이다.

율법학자들은 사람들이 많이 지나다니는 거리에서도 그에 합당한 예우와 존경을 받았다. 율법학자가 앞에 오면 사람들은 공경하는 태도로 일어나 합당한 예를 표했고, 지나가는 율법학자를 향해 '으뜸가는 자', '랍비', '아버지', '주'라는 칭호를 부르며 인사를 하곤 했다.

예루살렘의 상류사회에서 연회를 열었을 때 랍비 엘리에젤과 랍비 여호수아가 그 자리에 나타나면 그것은 연회의 큰 자랑거리가 되었다는 기록도 있다. 율법학자들이 잔치에 참석하면 그들은 으레 최고의 상석으로 안내되었다.

율법학자들은 나이 든 노인들, 심지어 자신들의 부모보다 더 많은 존경을 받았다. 회당에서도 율법학자는 '모세의 의자'로 불린 귀빈석에 앉았고, 토라를 넣은 상자를 등진 채 백성들을 향해 앉아서 모든 사람을 볼 수 있었다. 이러한 율법학자들의 사회적 위치는 예수님의 말씀을 통해서도 확인된다.

"서기관들과 바리새인들이 모세의 자리에 앉았으니… 잔치의 윗자리와 회당의 높은 자리와 시장에서 문안 받는 것과 사람에게 랍비라 칭함을 받는 것을 좋아하느니라"(마 23:2, 6-7).

율법학자는 바리새인, 서기관과 어떻게 다른가?

가는 곳마다 귀빈(VIP) 대우를 받은 율법학자에 대해 설명하면서 등장하는 마태복음의 본문에는 '율법학자'라는 말 대신 '바리새인'과 '서기관'이 등장한다. 이 세 가지 용어는 같은 뜻일까? 만약 다르다면 각 용어의 차이점은 무엇일까?

마태복음 23장 외에도 복음서에는 율법학자, 바리새인, 서기관이란 용어를 특별한 구분 없이 혼용해서 쓰고 있는 것을 볼 수 있다. '선한 사마리아인의 비유'는 다른 복음서에는 등장하지 않고 누가복음에만 기록되어 있다. 비유 자체(눅 10:30-37)는 다른 복음서에 병행구절이 없지만, 그 도입부에 해당하는 말씀(눅 10:25-28)은 마태복음(마 22:34-40)과 마가복음(막 12:28-34)에 병행구절이 있다.

이 세 복음서의 병행구절을 비교해 보면 재미있는 사실을 발견할 수 있다. 누가복음의 '율법학자'가 마태복음에는 '바리새인 중 율법사'로, 마가복음에는 '서기관'으로 등장한다는 것이다. 결국 세 가지 용어를 혼용해서 쓰고 있다는 것이 확인된다.

율법학자, 바리새인, 서기관은 혼용해서 써도 큰 무리가 없을 만큼 비슷하면서도 미묘한 차이가 있다. 그렇다면 그들 간의 미묘한 차이점은 무엇일까?

지금까지 설명한 율법학자는 예수님 당시에 바리새파와 사두개파로 불린

두 계파 중에서 바리새파에 속한 경우가 많았다. 전통적인 사제 계급이 주로 사두개파에 속했다면 신흥 세력인 율법학자들은 바리새파의 노선에 속했던 것이다.

율법학자는 제자들을 가르치면서 수업료를 받지 않았기 때문에 생활을 위해 따로 직업을 갖는 경우가 많았다. 율법학자는 주로 전문 기술이 요구되는 수공업에 종사했는데, 이스라엘 사회에서 수공업은 좋은 직업으로 인식되었다. 탈무드는 수공업에 대해 다음과 같이 말하고 있다.

"자기 자식에게 수공업을 가르치지 않는 사람은 마치 강도질을 가르치는 사람과 같다"(b. Qid.29a).

"너의 안식일을 범하는 일이 발생한다 해도 다른 사람에게 의존하며 살지 말라"(b. Pes.113a).

이스라엘 사회에서 전문적인 수공업의 중요성은 다른 방식으로도 표현되었다. 곧 율법학자들이 지나가면 사람들은 하던 일을 잠시 멈추고 자리에서 일어섬으로써 율법학자에 대한 경의를 표해야 했지만 작업 중인 수공업자는 하던 일을 계속할 수 있었다는 것이다(b. Qid. 33a). 바로 이스라엘 사회에서 수공업이 차지하던 특별한 위치를 보여 주는 사례라고 하겠다.

탈무드에는 율법학자들이 생활을 위해 선택한 수공업의 종류가 다음과 같이 열거되어 있다.

'재단사, 샌들 제조공, 목수, 제화공, 제혁공, 뱃사공…'

당대의 율법학자였던 사도 바울도 천막 제조공(행 18:3)이라는 수공업을 익혀 생활했다. 예수님도 당대의 율법학자로서 아버지 요셉에게서 대를 이어 전수받은 목수의 일을 갖고 있었다.

율법학자들이 선택한 직업 가운데 가장 선호도가 높은 것은 뭐니뭐니해도 성경을 필사하는 서기관이었다. 서기관은 율법학자로서 전문지식을 살려 일할 수 있는데다 상당한 수입이 보장되는 직업이기도 했다. 성서시대 생활풍습 연구가로 알려진 미리암 파인버그 바모시(Miriam Feinberg Vamosh)는 그녀의 책 《예수 시대의 생활풍습》(Daily life at the time of Jesus)에서 포도원 품꾼의 하루 품삯이 1데나리온일 때 서기관의 일주일 봉급은 12데나리온이었음을 밝히고 있다.

이런 의미에서 율법학자, 바리새인, 서기관은 서로 유기적인 관계를 갖게 되는데, 이런 이유로 복음서에는 세 가지 용어를 혼용해서 사용하고 있는 것이다.

예수님은 율법사를 어떻게 보았을까?

저자 누가는 율법학자들에 대한 예수님의 강도 높은 비판을 기록하고 있다.

> "한 율법교사가 예수께 대답하여 이르되 선생님 이렇게 말씀하시니 우리
> 까지 모욕하심이니이다 이르시되 화 있을진저 또 너희 율법교사여"
> (눅 11:45–46).

이어지는 누가복음 11장 46–52절에서 예수님은 다음과 같은 점을 조목조목 지적하며 율법학자들을 공개적으로 비판하셨다.

첫째, 이들은 사람들에게 무거운 종교적인 짐을 지우고 스스로는 그 짐을 회피한다.

둘째, 이들은 하나님이 보낸 선지자에게 사형선고를 내리려고 하면서도 선지 자의 무덤을 세운다.

셋째, 이들은 그들의 지식을 활용하지 않고 지식을 비밀로 함으로써 대중이 하나님 나라에 들어갈 수 있는 길을 차단해 버린다.

넷째, 이들은 의복과 인사 받기와 자리 배정을 통해 자신의 명예욕을 만족시 키며 특히 회당에서 제일 높은 자리를 요구한다.

율법학자들에 대한 예수님의 비판 가운데 두 번째와 세 번째는 따로 보충 설명이 필요할 듯하다. 어떻게 보면 율법학자에게 보인 백성들의 존경과 더 나 아가 경외심은 바로 여기에서 비롯된 것이기 때문이다.

대중은 왜 율법학자를 추앙했을까?

당시의 백성들이 율법학자들에게 보인 존경심은 경외심으로까지 확대되었는데, 이것은 단순히 율법학자들이 소유한 율법 지식 때문만은 아니었다. 현대인들도 학자나 교수를 존경하기는 하지만 경외하지는 않지 않은가. 율법학자에 대해 현대의 성서학자들도 흔히 간과하는 부분이 있는데, 그것은 바로 율법학자들이 말라기 선지자 이후 끊어진 선지자들의 계보를 잇는 신비적 전승의 계승자였다는 사실이다.

말라기 이후 세례 요한이 등장하기까지는 흔히 '신구약 중간시대'로 불리는데, 이 시기에 유행하던 것이 신비적 전승을 담고 있는 묵시문학(Apocalyptic literature)이다. 정경에는 포함되지 않았지만 이 시기에 기록된 유대 문헌 중 적지 않은 책들이 묵시문학에 해당한다.

묵시문학에서 다루는 것은 하나님의 본질에 내포된 가장 깊은 비밀과 창조의 기적과 관련된 비밀들이다. 율법학자들은 에스겔 1장과 창세기 1장과 같이 하나님의 신비를 다룰 때는 자신이 가장 신뢰하는 제자와 단 둘이 마주 앉아서 낮은 목소리로 이야기했다. 더군다나 지극히 거룩한 이야기를 할 때는 하나님에 대한 경외심 때문에 머리를 가린 채 이야기했다고 한다(b. Jeb.6b).

독일의 신학자 보른하우저(Bornhauser)는 니고데모가 밤에 예수님을 찾아온 이유도 예수님과 단 둘이 앉아 하나님 나라의 거룩한 비밀들, 즉 중생과 구원에 대해 가르침을 받기 위함이었다고 지적하고 있다. 아울러 변화산에 수제자 세 명만 선택해 불러서 올라간 것도 신비적 전승과 관련 지어 설명한다.

여기서 중요한 사실은 하나님과 창조에 속한 비밀뿐 아니라 구전율법(복음서에는 장로들의 전통(유전)으로 번역됨, 마 15:2, 막 7:3) 역시 넓은 의미에서는 신비적 전승에 해당한다는 사실이다. 구전율법은 모세오경에 기록된 613개의 성문율법을 당시의 율법학자들이 구체적으로 해석한 것을 가리킨다. 율법학자들은 회당에서 구전율법을 강의했지만 이러한 가르침은 하나님의 비밀로 여겨져 문서를 통해 대중들에게 유포되는 것을 철저히 금지했다. 스승의 가르침은 제자들에 의해 구전으로 전승되었기 때문에 이것을 구전율법이라고 부르는 것이다. 하지만 주후 2세기에 기독교 진영에서 신약성경이 정경화되자 유대교 진영에서도 이에 대항하기 위해 구전율법의 문서화를 시작해 오늘날 '미쉬나'로 불리는 책이 완성되었다.

율법학자와 관련해서 마지막으로 언급해야 할 것이 있다. 우리에게 구약성경으로 알려진 거룩한 문서들도 당시 대중들이 쉽게 접근할 수 있는 문서로 기록되지 않았다는 사실이다. 당시 대중들의 언어가 아람어였음에도 구약성경은 거룩한 언어인 히브리어로 씌어졌다. 율법학자들은 구약성경의 아람어 번역본이 유포되는 것을 금지했다. 이는 마치 중세 기독교에서 라틴어 성경을 대중들의 언어인 영어, 독일어 등으로 번역하는 것을 금지했던 것과 비슷하다고 할 수 있다.

당시 율법학자들의 가르침이 하나님과 창조의 신비를 다루고 있고 구전율법, 더 나아가 일반적인 성서의 본문까지 다루었음을 알 때 우리는 비로소 율법학자들이 차지하던 사회적 위치를 이해할 수 있게 된다. 이들은 말라기 선지자 이후 끊어진 선지자(예언자)들의 계보를 잇는 직계 상속자요 후계자로 자타의 인정을 받는 그룹이었던 것이다. 탈무드에는 율법학자의 권위에 대해 이렇게 묘사하고 있다.

> "예언자와 율법학자, 이들을 필적할 자가 누가 있겠는가? 이들은 한 왕 (하나님)이 보낸 두 사자들이다"(J. Ber. I 3b 26).

율법학자들은 선지자의 무덤 옆에 함께 묻힘으로써 생전에 누리던 영광이 사후에도 이어졌다. 예수님은 율법학자들이 이전에 선지자들을 핍박하고 죽인 자들의 후손임을 지적하면서 그럼에도 죽은 후에는 선지자 옆에 나란히 묻히는 사실을 비판했다. 아울러 각종 신비적 전승들을 대부분 비밀에 부쳐 자신과 소수의 제자들하고만 나눔으로써 일반 대중들이 하나님 나라에 들어갈 수 있는 길을 원천적으로 차단하고 있다고 신랄하게 비판했다.

하지만 우리는 당시 백성들이 율법학자에 대해 갖고 있던 존경심, 더 나아가 경외심을 알 때, 예수님이 청중들 앞에서 율법학자들을 강도 높게 비판한 것이 얼마나 대담하고 파격적이며 자칫 목숨을 걸어야 하는 도발적인 행위였는지 이해할 수 있다.

열린다 비유
선한 사마리아인 이야기

예수님과 율법학자 간의 논쟁이 벌어진 곳: 홈경기인가, 어웨이경기인가?

'선한 사마리아인의 비유'는 예수님이 공생애 사역 마지막 유월절의 어린양이 되기 위해 갈릴리에서 예루살렘으로 향하시는 여정에서 나온 이야기다. 마태와 마가가 단 두 장에 걸쳐서 해결하고 있는 이 시기의 예수님의 가르침을 저자 누가는 무려 10장에 걸쳐서 다루고 있다. 바로 9장 51절에서 19장 44절까지다. 누가는 갈릴리에서 떠나 사마리아를 거쳐 예루살렘으로 가는 것(9:51-52)과 예루살렘에 도착하는 것(19:11)에 대해 출발지와 도착지를 분명하게 언급하고 있다.

> "예수께서 승천하실 기약이 차가매 예루살렘을 향하여 올라가기로 굳게 결심하시고 사자들을 앞서 보내시매 그들이 가서 예수를 위하여 준비하려고 사마리아인의 한 마을에 들어갔더니"(눅 9:51-52).

> "그들이 이 말씀을 듣고 있을 때에 비유를 더하여 말씀하시니 이는 자기가 예루살렘에 가까이 오셨고 그들은 하나님의 나라가 당장에 나타날 줄로 생각함이더라"(눅 19:11).

누가만이 자세하게 다루고 있는 이 부분에는 다른 복음서에는 나오지 않는 10개의 비유가 등장한다. 바로 우리가 다루고자 하는 '선한 사마리아인의 비유'가 그 첫 번째 이야기에 해당한다.

갈릴리에서 출발해 사마리아 땅을 거쳐 예루살렘에 도착하는 여행 중에 일어난 사건들을 다루는 이 부분(눅 9:51–19:44)은 흔히 '여행 내러티브'라고 불린다. 하지만 이 명칭도 그다지 적절하지는 않은데, 여행의 구체적인 일정과 순서가 명확하지 않기 때문이다. 그럼에도 여행 내러티브에서 첫 번째로 등장하는 '선한 사마리아인의 비유'는 사마리아 땅을 지나면서 나온 이야기임에 분명하다. 예수님은 유대인들이 적대시하던 사마리아인을 비유를 통해 문화적 영웅으로 묘사하고 있는데, 다분히 의도적인 말씀이 아니었나 싶다. 예수님은 아마도 임박한 죽음을 앞두고 으르렁거리는 유대인과 사마리아인의 화합을 원하셨는지도 모른다.

예수님이 제자들과 함께 지나고 있는 사마리아 지역은 갈릴리의 회당과 예루살렘의 성전으로부터 심정적으로 멀리 떨어진 지역이다. 회당과 성전도 다르고 피차간에 합의하는 성경도 없다. 사마리아인은 그리심 산에 세운 자체적인 성전을 거룩하게 여겼고 모세오경과는 다른 자신들만의 사마리아 오경을 신뢰했다.

이런 점에서 사마리아 땅은 예수님과 율법학자 모두에게 홈그라운드는 아니다. 그들의 논쟁을 구경하는 청중들은 대부분 갈릴리에서 예수님과 함께 예루살렘으로 향하는 유대인들이었을 것이다. 사마리아인들은 예수님의 최종 행선지가 예루살렘인 것을 알고 배척했으므로 거의 없었을 것이다.

"예수께서 예루살렘을 향하여 가시기 때문에 그들이 받아들이지 아니하는지라"(눅 9:53).

그렇다면 예수님과 율법학자 간의 논쟁을 구경하는 청중들은 과연 누구를 지지했을까? 우리는 이 부분을 읽으면서 압도적 다수가 예수님을 지지하고 율법학자가 홀로 고군분투하는 상황을 머릿속에 그렸을 것이다.

하지만 율법학자에 대한 당시의 사회적 존경과 영향력을 고려해 볼 때 분명 적지 않은 무리가 율법학자를 지지했을 것이고, 공개석상에서 코너에 몰린 율법학자를 향해 심정적 위로를 보냈을 것이다. 아울러 청중들은 율법에 대한 예수님의 독창적인 해석과 혀를 내두르게 하는 토론 실력 앞에 감탄사를 연발하며 두 랍비가 벌이는 흥미진진한 빅 매치를 관전하고 있었을 것이다.

chapter

02

율법사는 왜 예수님께 질문했을까?

토론, 두 랍비가 벌이는 총성 없는 결투

예수님께 나아온 율법사의 문제는 바로 그의 태도에 있었고
저자 누가는 이것을 신랄하게 지적하고 있다. 율법사는 예수님을 시험하기 위해,
그리고 자신을 옳게 보이려고 예수님께 질문을 던진 것이다.

'선한 사마리아인의 비유'는 예수님과 율법사가 주고받은 열띤 토론의 일부로서 등장한다. '누가 나의 이웃인가?'라는 율법사의 질문에 예수님은 그 유명한 '선한 사마리아인의 비유'를 가지고 응수하신 것이다.

'선한 사마리아인의 비유'는 비유 자체만 놓고 본다면 누가복음 10장 30-37절을 본문으로 한다. 하지만 우리는 비유의 본문 속으로 들어가기에 앞서 예수님과 율법사 간에 주고받은 핑퐁 게임, 즉 질문과 대답이라고 하는 전체적인 틀을 먼저 파악해야 한다.

전체적인 틀을 놓고 볼 때 비유의 스토리가 상당히 길고 이 비유를 둘러싸고 있는 토론과 질문은 무척 짧다. 그래서 많은 성경학자들과 독자들은 율법사와 예수님이 벌이는 토론의 틀은 무시하고 곧바로 비유의 스토리 속으로 직행하는 경향을 보여 왔다. 그럴 경우 '선한 사마리아인의 비유'는 단지 우리 주변에 있는 궁핍한 자를 도와주라는 윤리적인 경책의 수준으로 의미가 축소된다.

실제로 수세기 동안 '선한 사마리아인의 비유'는 주로 크리스천이 지켜야 할 윤리적인 강령 정도로 해석되어 왔고, 불신자들에게는 참된 휴머니즘의 상징 정도로 여겨져 왔다. 불신자들에게까지 알려진 이 비유의 유명세는, 오히려 이 비유를 통해 예수님이 전하시려고 한 본래의 메시지가 심각하게 왜곡되었음을 잘 보여 준다.

율법사와 예수님이 벌인 토론의 관점에서 볼 때 '선한 사마리아인의 비유'의 실제적인 본문은 30절이 아니라 25절부터 시작한다.

누가복음 10장 25절에서 시작해 37절까지로 끝나는 '선한 사마리아인의 비유'는 예수님과 율법사가 각각 네 차례씩 주고받은 질문과 대답이라는 구조로 이루어져 있다. 두 명의 토론자가 주고받는 '공격'적인 질문과 그에 대한 '방어'적인 대답이 펼쳐지고, 그 주위에는 호기심 어린 눈으로 이를 지켜보는 청중들이 있다.

예수님과 율법사의 토론 장면이 머릿속에 그려지는가? 마치 오늘날 청문회 또는 TV 토론을 연상케 한다. 이 본문을 이해하는 관건은 두 사람 사이에 오고 간 토론이 결코 조용한 방에서 이루어진 두 사람만의 '밀담'이 아니라 오픈된 공간에서 펼쳐진 '공개 토론'이라는 사실이다.

이번 장에서는 '선한 사마리아인의 비유'를 낳게 한 예수님과 율법사, 즉 두 랍비가 벌인 공개 토론의 관점에서 본문의 전체적인 틀과 구조를 이해해 보자.

토론, 총성 없는 결투

'토론의 달인'이란 별명을 가진 노무현 전 대통령의 집권기에는 TV 토론이 심심치 않게 벌어졌다. 그중에서도 압권은 분명 노무현 전 대통령과 평검사들 간에 벌어진 토론일 것이다. 집권 초기에 밀어붙인 검찰 개혁에 대한 반발을 무마하기 위해 노무현 전 대통령은 평검사들과의 토론을 제안했고 이것이 성사되어 TV에 생중계되었다.

양측의 토론은 과거 안가와 같은 밀실에서 주고받은 밀담이 아니었다. 그 시간에 TV를 지켜보는 모든 시청자들의 눈과 귀가 이들의 일거수일투족과 한

열린다 비유
선한 사마리아인 이야기

마디 한마디를 놓치지 않았다.

  대통령이 먼저 토론을 제의한 이상 양측은 이미 동등한 입장이 된다. 토론의 무대에서는 제아무리 대통령이라도 '대통령'이라는 완장과 계급장을 떼어 놓고 자신만의 논리와 주장으로 상대를 설득하고 제압해야 한다. 이런 면에서 '토론의 달인'이란 별명을 가진 노무현 전 대통령에게도 '평검사와의 토론'은 옥에 티로 남아 있다. 평검사들의 당당하고 완강한 기세에 눌렸는지 토론자로서 해서는 안 될 말을 무심코 했기 때문이다. 노무현 전 대통령의 이 말은 한동안 회자되어 유행어가 되기도 했다.

"이쯤 되면 막 가자는 거지요?"

노무현 전 대통령은 평검사들이 대통령에 대한 최소한의 예우는 지켜 줄 것으로 생각했는지도 모른다. 하지만 그것은 아쉽게도 '양측이 동등한 입장에서 탁월한 논리만으로 상대를 제압해야 한다'는 토론의 기본 원칙에 위배되는 생각이다.

예수님과 율법사가 주고받은 토론의 현장에도 역시 이를 구경하기 위해 모여든 청중들로 가득했다. 그리고 이들의 시선과 관심은 두 토론자의 입에 모아져 있다. 어디 입뿐인가? 토론자는 표정 관리에도 적지 않은 신경을 써야 한다. 갑자기 난감한 질문이 불쑥 튀어나온다고 해서 결코 당황하는 기색을 보여서는 안 된다. 쉽게 흥분해서도 안 되고 지나치게 의기양양해서도 안 된다. 늘 당당한 눈빛으로 상대를 지그시 내려다보고 물 샐 틈 없는 논리로 상대를 제압해야 한다. '돌부처'란 별명으로 유명한 바둑의 이창호 기사와 야구의 오승환 투수처럼, 토론자는 자신의 감정을 숨기는 '포커 페이스'를 잘 유지해야 한다.

토론의 승패는 이를 지켜보는 청중들 앞에서 백일하에 드러나게 될 것이고 패배자는 공적인 수치를 당하게 될 것이다. '명예'(honor)를 최고의 가치로 여기던 성서시대에 이처럼 공개적인 자리에서 수치를 당한다면 곧 죽음과도 같은 모멸감을 두고두고 곱씹어야 할 것이다.

미국의 서부 개척시대에 '총'을 들고 두 사람이 결투를 벌였다면, 성서시대에는 '말'로써 결투를 벌이는, 즉 예수님과 율법사 간에 '총성 없는 결투'가 벌어진 것이다.

유대인들의 토론식 교육, 그리고 창의적인 사고

성서시대 이스라엘에서는 스승은 앉고 학생들은 존경의 표시로 그 주위에 서서 가르침을 받았다. 현대 이스라엘에서도 그렇지만 대부분의 수업은 스승과 학생들 간에 격의 없이 오가는 토론을 통해 이루어졌다. 한국에서는 익숙한 일방적인 주입식 교육은 이스라엘에서는 예나 지금이나 존재하지 않는 교육 방식이다. 심지어 이스라엘에서는 구구단 암기도 하지 않는다. 탈무드에는 랍비와 그의 제자들이 질문과 대답을 통해 진리를 탐구하는 모습이 자주 등장한다.

흔히 '노벨상' 하면 '유대인'을 떠올릴 정도로 유대인은 똑똑하고 창의적인 민족으로 통한다. 창의적인 유대인의 아이콘을 들라고 하면 십중팔구 아인슈타인을 꼽을 것이다. 아인슈타인의 천재성으로 인해 그가 죽고 난 후 아인슈타인의 뇌 연구가 진행된 적도 있다. 뇌의 해부학적 구조라는 면에서 아인슈타인의 뇌는 일반인의 뇌와 큰 차이가 없음이 밝혀졌다. 아인슈타인의 뇌를 통해 노벨상을 독식하다시피 하는 유대인의 천재성에 숨긴 비밀을 파헤치려던 과학자들은 허탈할 수밖에 없었다.

혹자는 유대인의 천재성을 쉐마 교육에서 찾기도 한다. 신명기 6장 5절로 대표되는 유대인들의 성경 암송, 즉 어릴 때부터 성경을 들려주고 암송하면서 뇌 발달이 촉진된다는 이론이다. 자녀 교육에 유독 관심이 많은 한국인에게 유대인의 쉐마 교육은 큰 반향을 일으키고 있는 것 같다.

하지만 이스라엘에서 11년째 살고 있는 나는 쉐마 교육이 유대인의 천재성을 설명해 주는 메이저 이론이라고 생각하지 않는다. 현대 이스라엘 인구의 대다수는 세속적인 유대인들이다. 이들은 성경 암송과 신앙 교육에만 집중하는 종교적인 유대인들을 그다지 좋아하지 않는다. 물론 이들도 일정 수준의 쉐마 교육을 가정에서 하겠지만 노벨상을 독식하는 유대인의 천재성은 성서시대부터 지금까지 내려오는 유대인들의 교육 방법에 있다고 하는 편이 옳다.

유대인들의 교육 방법은 한마디로 토론식 교육이다. 토론식 교육은 대학이 아니라 유치원의 걸음마 단계에서부터 시작된다. 한국 부모라면 대번에 유치원 아이들이 어떻게 토론을 할 수 있느냐고 물을 것이다. 하지만 이스라엘의 유치원 선생들은 아이들을 모아 놓고 늘 질문을 던짐으로써 학생들의 대답을 유도한다. 이렇게 하다 보면 아이들의 입에서 창의적인 대답이 나오곤 한다. 이스라엘에서는 선생이 일방적으로 지식을 가르치고 그것을 학생들이 암기해서 시험을 보는 식의 교육은 이뤄지지 않고 있다.

유대인들 속담에 '샬로쉬 예후딤, 아르바 데오트'라는 말이 있다. 곧 '3명의 유대인이 있으면 4개의 의견이 나온다'는 말이다. 토론식 교육에 익숙한 유대인들은 저마다 자신만의 확고한 의견이 있고, 이것을 관철시킬 수 있는 자신만의 논리로 늘 무장되어 있다. 이중에는 확실히 창의적인 의견이 있게 마련이고, 이런 이유로 3명의 유대인이 모이면 3개의 의견이 아니라 4개의 의견이 나온다고 말하는 것이다.

이스라엘에 와서 비자 연장을 위해 히브리대학교 세포생리학 교실에 등록해 공부하면서 나는 유대인들의 파워가 바로 토론식 교육과 이로 인한 창의적인 사고에 있음을 절감했다. 한국에서는 나름대로 공부라면 뒤지지 않는다고 자

열린다 비유
선한 사마리아인 이야기

부했는데, 유대인들 사이에 섞여 공부하면서 얼마나 절망적이었는지 모른다. 한국에서는 완전한 암기 과목이던 생화학이 이스라엘에서는 책을 펼쳐 놓고 시험을 보는 '오픈 북' 과목이었다. 굳이 오픈 북 과목이 아니더라도 대부분의 시험이 기억력을 테스트하는 것이 아닌 창의력을 테스트하는 것이었다.

율법사와 예수님이 벌인 열띤 토론의 공방전

'선한 사마리아인의 비유'는 예수님과 율법사가 네 차례 주고받은 토론 구조 속에 파묻힌 진주라고 할 수 있다. 본문의 전체적인 구조를 '토론'의 관점에서 정리하면 아래와 같다.

제1라운드
어떤 율법사가 일어나 예수를 시험하여 이르되

율법사(질문1): 선생님 내가 무엇을 하여야 영생을 얻으리이까?
예수님(질문2): 율법에 무엇이라 기록되었으며 네가 어떻게 읽느냐?
율법사(질문2에 대한 대답): 네 마음을 다하며 목숨을 다하며 힘을 다하며 뜻을 다하여 주 너의 하나님을 사랑하고 또한 네 이웃을 네 자신같이 사랑하라 하였나이다.
예수님(질문1에 대한 대답): 네 대답이 옳도다 이를 행하라 그러면 살리라.

제2라운드

그 사람이 자기를 옳게 보이려고 예수께 여짜오되

율법사(질문3): 그러면 내 이웃이 누구니이까?

예수님(질문4): (선한 사마리아인의 비유를 들려주신다) 네 생각에는 이 세 사람 중에
누가 강도 만난 자의 이웃이 되겠느냐?

율법사(질문4에 대한 대답): 자비를 베푼 자니이다.

예수님(질문3에 대한 대답): 가서 너도 이와 같이 하라.

토론은 율법사가 '도전'하고 예수님이 이에 대해 '응전'하는 형태로 이루어졌
다. 권투는 12라운드로, 야구는 9회로, 농구는 4쿼터로 나뉘어 대결을 펼치지
만 율법사와 예수님이 벌인 설전은 크게 2라운드로 나뉘어 이루어졌다. 그리
고 두 개의 라운드는 네 가지 점에서 공통점을 갖고 있다.

첫째, 각 라운드는 율법사의 숨은 동기를 노출하면서 시작하고 있다.

1라운드: 어떤 율법사가 일어나 예수를 시험하여 이르되

2라운드: 그 사람이 자기를 옳게 보이려고 예수께 여짜오되

율법사는 밤낮으로 율법만 연구하고 가르치는 학자이므로 자신이 제기한
질문에 대한 명확한 답을 잘 알고 있었다. 예수님께 나아온 율법사의 문제는
바로 그의 태도에 있었고 저자 누가는 이것을 신랄하게 지적하고 있다. 율법사

는 예수님을 시험하기 위해, 그리고 자신을 옳게 보이려고 예수님께 질문을 던진 것이다.

율법사에게는 예수님한테 한 수 배우겠다는 겸손함이 없었다. 오히려 자신의 율법적 지식을 과시하고 예수님의 정통성을 시험하려는 의도로 질문을 던졌다. 무엇보다도 율법사는 자신이 알고 있는 지식을 실천하려는 의도 없이 '언어의 유희' 또는 '지적 게임'에만 매달렸다. 예수님은 이런 율법사의 문제를 정확히 아셨기 때문에 두 질문에 모두 '행하라'는 명령형으로 대답하신 것이다.

"네 대답이 옳도다 이를 행하라 그러면 살리라"(눅 10:28).

"가서 너도 이와 같이 하라"(눅 10:37).

둘째, 각 라운드의 종이 울리자 먼저 선제공격을 한 사람은 모두 율법사였다. 공격은 모두 '질문'의 형태로 시작되었다. 성서시대 이스라엘 문화에서 '질문'은 단순히 정보를 얻기 위한 수단이 아니었다. 명예를 중시하는 성서시대 문화에서 질문은 상대방의 명예에 치명적인 타격을 입힐 수 있는 도전 행위였다.

특별히 그 질문이 많은 청중들 앞에서 주어졌다면 그 도전의 강도는 더욱 높다고 할 수 있다. 질문에 대한 대답은 적절한 형태로 이루어져야 했고, 비록 잘 모르는 질문이 나온다고 해도 결코 '모른다'는 직설적인 표현은 삼가야 했다. 몰라도 아는 척하든지 적당하게 얼버무리든지 해야지 청중들이 보는 앞에서 '모른다'고 인정하는 것은 패배를 인정하는 동시에 공적인 수치를 감수해야 하는 위험천만한 행위였다.

이런 문화적 잔재 때문인지 나는 이스라엘 정착 초기에 당황한 적이 여러 번 있다. 차를 운전하고 가다가 유대인들에게 길을 물으면 많은 경우 친절하게 가르쳐 준다. 개중에는 황송하다 싶을 정도로 친절을 보이는 경우도 있는데, 자신의 목적지와는 전혀 다른 방향임에도 자기 뒤를 따라오라면서 내가 물어본 목적지로 운전해 가는 경우도 종종 있었다.

하지만 길을 알지 못하면서도 전혀 엉뚱한 길로 안내하는 경우도 적지 않았다. 이방인인 내가 길을 물어 보면 유대인들은 웬만해서는 모른다고 대답하지 않는다. 정확히 모르는 길도 대충 아는 지식으로 설명을 하는 경우가 많은데 그 길로 따라가 보면 전혀 엉뚱한 곳에 이르게 된다. 나중에 선배 선교사도 나와 같은 경우를 종종 당했다는 사실을 알았다. 아마도 명예를 중시하는 성서시대 문화적 잔재, 즉 몰라도 아는 척하는 문화가 남아 있기 때문이 아닌가 싶다. 차마 '모른다'고 대답하는 것은 이들의 자존심이 허락하지 않는 모양이다.

각 라운드의 시작과 함께 율법사가 던진 질문의 선제공격은 다음과 같다.

1라운드: 내가 무엇을 하여야 영생을 얻을 수 있는가?
2라운드: 내 이웃이 누구인가?

셋째, 예수님은 율법사의 선제공격으로 시작된 질문에 직답을 피하고 오히려 율법사에게 역질문을 던짐으로써 되치기 공격을 시도하셨다. 물어 본다고 순진하게 답변하다 보면 말실수가 따르기 십상이고 그것이 꼬투리로 잡힐 수 있다. 그런 점에서 질문에 대한 직답을 피하고 역질문으로 응수하신 예수님의 전략은 상당한 고도의 전술이고 더 나아가 상대방을 당황하게 만드는 심리전에 해당한다. 진정 '토론의 달인'으로서 예수님의 진면목이 드러나는 순간이다.

각 라운드에서 예수님이 던지신 역질문 카운터펀치는 다음과 같다.

1라운드: 율법에 무엇이라 기록되었으며 네가 어떻게 읽느냐?
2라운드: 네 생각에는 이 세 사람 중에 누가 강도 만난 자의 이웃이 되겠느냐?

넷째, 예수님의 역질문에 율법사는 확실히 당황했고 별 생각 없이 순진하게 대답하다가 곤경에 처하게 되었다. 각 라운드에서 율법사가 처하게 된 곤경을 분석해 보자.

1라운드

'어떻게 영생을 얻을 수 있느냐'는 율법사의 질문에 예수님은 '율법에 무엇이라 기록되었으며 네가 어떻게 읽느냐'고 되물으셨다. 예수님의 질문을 쉽게 풀어 보면 다음과 같다.

"소위 율법의 전문가라고 하는 율법사 당신의 생각은 어떠한가? 당신의 고견을 듣고 싶네."

예수님은 이렇게 물으심으로써 율법사의 권위를 은근히 세워 주는 척하면서 그의 대답을 유도하셨다. 일종의 유도 심문에 해당한다. 율법사는 우쭐대며 정답을 얘기했고, 결국 그는 자문자답한 꼴이 되었다. 아울러 정답을 알면서도 괜히 모르는 척하면서 예수님을 시험하려던 숨은 동기가 청중 앞에서 보기 좋게 드러나고 말았다.

율법사는 배우는 학생인 척 찾아와 예수님을 '랍비'로 부르며 질문했지만 예수님은 여기에 속지 않으셨다. 오히려 율법사 자신이 예수님이 쳐 놓은 덫에 보기 좋게 걸려들었다.

2라운드

'내 이웃이 누구인가?'란 율법사의 질문에 예수님은 이웃의 정의에 대해 강론하거나 당시 랍비들처럼 '어디까지가 우리의 이웃인가' 하는 한계를 제시하지 않으셨다. 예수님은 갑자기 흥미진진한 스토리텔링을 시작하셨다. 이것은 율법사도 전혀 예상치 못한 것이었다.

1라운드에서 보기 좋게 당한 율법사도 2라운드에서는 긴장의 허리띠를 졸라매고 나섰겠지만, 2라운드에서 예수님의 전술은 1라운드와는 확연히 달랐다. 제사장, 레위인, 사마리아인으로 이어지는 흥미진진한 3부작 미니시리즈는 율법사의 긴장을 풀어 놓았다. 그리고 긴장의 허리띠를 풀고 비유를 즐기던 율법사에게 예수님은 갑자기 역질문을 던지셨다.

"네 생각에는 이 세 사람 중에 누가 강도 만난 자의 이웃이 되겠느냐?"

비유를 듣던 청중이라면 누구나 이 질문에 쉽게 대답할 수 있을 것이다. '이웃'의 정의와 한계에 대한 당시 랍비들의 사변적이고 현학적인 신학 강론을 듣지 않더라도, '선한 사마리아인의 비유'와 함께 던져진 예수님의 질문은 삼척동자도 쉽게 대답할 수 있는 질문이었다.

열린다 비유
선한 사마리아인 이야기

하지만 반대로 너무 쉽기 때문에 쉽게 대답할 수 없는 질문이기도 했다. 왜냐하면 유대인들이 혐오하던 사마리아인이 강도 만난 자의 참된 이웃으로 판명되었기 때문이다. 정답을 알고 있던 율법사도 차마 자신의 입으로 사마리아인이라고 대답할 수 없었다. 결국 율법사는 "자비를 베푼 자니이다"라고 에둘러 대답할 수밖에 없었다. 율법사는 자신의 입술로 유대인들의 원수인 사마리아인을 '영웅'으로 인정할 수밖에 없었고, 이렇게 말하는 그의 얼굴은 분명 수치로 벌게지며 입술을 떨었을 것이다.

chapter

03

율법사는 왜 영생에 대한 질문으로 맞장 토론을 제안했을까?

─────◦◦◦─────

율법의 대강령, 쉐마 이스라엘

'무엇을 해야 영생을 얻을 수 있는가'라는 율법사의 질문은 낯선 종교인이 이단에 속한 자인지 아니면 정통에 속한 자인지 걸러 낼 수 있는 최소한의 그리고 표준적인 시험 문제였다. 마치 오늘날 '사도 신경'을 고백할 수 있는가의 여부가 이단을 가려내는 리트머스 시험지로 작용하는 것과 같다.

율법사는 예수님께 나아와 질문을 하면서 '랍비'(선생님)란 호칭을 사용하고 있다. 언뜻 보면 랍비라 부르며 상당히 예우하는 듯하지만, 율법사는 절대 예수님께 한 수 배우려고 찾아온 것이 아니다.

율법사의 의도는 예수님을 시험하는 데 있었고 누가는 이를 분명하게 밝히고 있다.

> "어떤 율법교사가 일어나 예수를 시험하여 이르되 선생님 내가 무엇을 하여야 영생을 얻으리이까"(눅 10:25).

율법사는 스승에게 찾아온 학생으로서가 아니라 같은 스승으로서 찾아왔고, '영생'을 주제로 예수님과 맞장 토론을 제안한 것이다. 이로써 당시에 랍비로 불리던 두 '선수' 간의 총성 없는 결투가 벌어졌고, 떠오르는 주니어 랍비 가운데 하나였던 예수님과 이에 도전하는 율법사 간에 벌어지는 빅 매치를 구경하기 위해 두 사람의 주변은 금세 인산인해를 이루었다.

누가복음 18장 18절에도 영생을 주제로 찾아온 부자 청년의 이야기가 나온다.

> "어떤 관리가 물어 이르되 선한 선생님이여 내가 무엇을 하여야 영생을 얻으리이까"(눅 18:18).

율법사와 부자 청년은 동일한 주제로 예수님께 찾아와 동일한 질문을 하고 있지만 그 동기는 분명하게 달랐다. 한 명은 같은 스승의 입장에서, 다른 한

명은 스승의 고견을 듣고자 하는 학생의 입장에서 찾아온 것이다.

율법사는 왜 예수님을 시험하려고 찾아왔을까? 그리고 영생을 얻는 길에 대한 질문을 통해 율법사는 예수님의 어떤 점을 시험하려고 했을까?

율법사는 왜 예수님을 시험했을까?

율법사는 1세기 이스라엘에서 상당한 존경을 받던 사람이었고 그러한 존경에는 합당한 책임이 따랐다. 그것은 율법의 전문가로서 자신이 속한 공동체를 종교적인 미치광이나 이단자로부터 지키고 보호해야 하는 무거운 책임이었다. 고대로부터 하나님의 이름을 팔면서 혹세무민하는 사이비 이단자들은 나름대로 종교 전문가들이라서 무지몽매한 백성들의 얕은 지식만으로는 분별이 어려웠다. 이들을 가려내는 역할이 율법사에게 주어진 것이다.

저자 누가는 예수님께 찾아온 율법사의 목적이 '그를 시험하려는 것'임을 밝히고 있지만 그의 시험이 굳이 적대적인 내용을 담고 있다고 생각할 필요는 없다. '무엇을 해야 영생을 얻을 수 있는가'라는 율법사의 질문은 낯선 종교인이 이단에 속한 자인지 아니면 정통에 속한 자인지 걸러 낼 수 있는 최소한의 그리고 표준적인 시험 문제였다.

마치 오늘날 '사도신경'을 고백할 수 있는가의 여부가 이단을 가려내는 리트머스 시험지로 작용하는 것과 같다. 이 질문은 상대방을 함정에 빠뜨리려는 악의적인 목적보다는 정통성 여부를 시험하는 표준적인 시험으로 보는 것이 합

열린다 비유
선한 사마리아인 이야기

당할 것이다. 율법사의 시험 문제는 악의적인 목적을 갖고 예수님을 함정에 빠뜨리려고 한 바리새인과 헤롯당의 시험 문제와는 분명 차원이 다르다.

> "그러면 당신의 생각에는 어떠한지 우리에게 이르소서 가이사에게 세금을 바치는 것이 옳으니이까 옳지 아니하니이까 하니"(마 22:17).

또한 '시험하다'로 사용된 헬라어 동사 '에크페이라조'(ἐκπειράζω)는 사탄이 예수님께 찾아와서 하던 적대적인 시험에 사용된 헬라어 동사 '페이라조'(πειράζω)와는 차이가 있다. 전자가 소극적 의미의 시험에 사용된다면 후자는 소극적 또는 적극적 의미의 시험에 모두 사용되기 때문이다.

> "그때에 예수께서 성령에게 이끌리어 마귀에게 시험을 받으러 광야로 가사"(마 4:1).

율법사는 예수님께 던진 질문에서 '내가'라는 '1인칭' 주어를 사용하는 재치도 보여 주고 있다. '사람들이'라는 '3인칭' 주어를 사용하는 것과 달리, '내가'라는 1인칭 주어로 질문을 할 때 마치 개인적인 조언을 구하는 것처럼 위장할 수 있다. 조언과 자문을 구하러 찾아오는 사람을 매몰차게 박대하는 사람은 많지 않다. 아울러 조언을 구하며 겸손하게 찾아오면 상대방은 경계를 풀고 흔쾌히 주어진 질문에 대답하게 된다. 만약 거만한 자세로 쏘아붙이거나 코너로 몰려고 하면 상대방은 경계를 더욱 단단히 하며 심하면 묵비권도 행사하게 된다. 묵비권을 행사하는 순간 시험은 더 이상 불가능해진다.

　율법사는 이런 종류의 시험에는 일가견이 있고 도가 튼 사람이었다. 어떻게 해야 상대방을 안심시키고 유도심문 함으로써 그 사람의 신학적 오류를 끄집어 낼 수 있는가를 알았고 그렇게 훈련된 사람이었다. 율법사의 집에는 신학적 오류를 검증하는 몇 개의 질문군과 거기에 대한 다양한 이단자들의 답변을 정리해 놓은 노트가 있었을 것이다.

열린다 비유
선한 사마리아인 이야기

율법에 대한 예수님의 견해는 무엇인가?

같은 랍비의 입장에서 율법사는 예수님이 그간 보여 준 행동과 가르침이 당시 유대교의 정통적인 흐름에서 상당히 벗어났다고 느꼈음에 분명하다. 세리와 창기들처럼 당시로서는 공인된 죄인들과 함께 식사를 하며 어울리는 모습은 그렇다 치더라도, 유대인들이 금과옥조처럼 지키던 안식일과 정결법을 함부로 범하는 듯한 행동은 나름대로 율법에 헌신한 율법사의 한 사람으로서 쉽게 묵과하기 힘들었을 것이다. 당시 유대교의 정통적인 흐름에서 볼 때 예수님의 행동은 가히 파격적이었고 많은 랍비들의 의심을 샀을 것이다. 당시 랍비들이 예수님에 대해 갖고 있던 주된 의구심을 분석해 보면 다음과 같았을 것이다.

1세기 당시 유대인들은 정결법을 다룬 레위기 11-15장 말씀에 기초해 모든 사물을 정결과 부정으로 구분했고, 스스로를 거룩하게 지키려고 몸부림쳤다. 그런데 예수님은 율법이 제정한 정결과 부정의 경계를 인정하지 않고 때로는 의도적으로 파괴하는 듯한 언행을 수시로 했다. 그렇다면 모세오경에 조목조목 기록된 율법은 무엇이란 말인가? 과연 율법은 시대에 맞지 않는 구시대의 산물이며 무용지물이므로 폐기처분해야 하는가? 과연 율법에 대한 예수님의 견해는 무엇인가?

더 나아가 당시 유대인들은 레위기에서 제정한 경계 안에서 스스로를 거룩하게 구별해서 살아온 의인들만 모이는 곳이 '천국'이라고 생각했다. 그런데 예수님은 당시 유대교에서 부정하다고 말하는 사람들, 즉 창기와 세리, 문둥병자, 심지어 이방인에게까지 천국의 문호를 개방하고 있지 않은가? 이처럼 천국의 경계를 허무는 듯한 예수님은 과연 '천국'에 대해 어떤 견해를 갖고 있는 것일까?

율법사는 분명 이러한 모든 의구심을 갖고 예수님을 찾아와 그가 과연 올바른 신학 노선 위에 서 있는지 아니면 이단사상을 퍼뜨리는 불순분자인지 시험하려고 했을 것이다. 예수님에 대해 갖고 있던 율법사의 의구심이 이러했다면 영생을 주제로 던진 그의 질문은 율법과 천국에 대한 예수님의 사상을 동시에 시험하는 데 무척 타당했다고 볼 수 있다.

"선생님 내가 무엇을 하여야 영생을 얻으리이까"(눅 10:25).

1세기 이스라엘: 겉으로는 메시아 대망 사상, 실제로는 사상의 춘추전국시대

1세기 당시 유대교와 초기 기독교 시대를 연구하는 많은 학자들의 공통된 의견은 이스라엘 역사에서 메시아 대망 사상이 가장 뜨겁게 달아오르던 때가 예수님이 활동하시던 주후 1세기라는 것이다. 메시아의 도래와 함께 펼쳐질 이스라엘의 영광스러운 미래는 천국, 즉 메시아의 통치로 인해 환하게 빛나게 되리라는 것이 1세기 이스라엘 사람들의 공통된 믿음이었다.

하지만 '메시아에 대한 개념'과 '메시아의 도래를 위해 지금 무엇을 준비해야 하는가' 하는 구체적이고 실제적인 문제로 들어가면 종파마다 다양한 의견과 주장들이 혼재했다. 결국 메시아 대망 사상이라는 한 지붕 아래서 다양한 의견들이 충돌하던 그야말로 사상의 춘추전국시대였던 것이다.

1세기의 주된 종파인 '바리새파'는 율법을 철저히 준수함으로써, '사두개파'는 성전에서 드리는 희생제사의 참된 의미를 회복함으로써 메시아의 날을 준비할 수 있다고 믿었다. 염해(사해) 북서쪽의 황량한 광야에서 수도원적 공동체를 이루어 메시아의 날을 기다리던 '에세네파'와 같은 과격분자들도 있었다. '열심당원'으로 불리는 열혈분자들은 기도하는 무릎을 일으켜 세워 손에 무기를 들고 부패한 로마의 통치에 맞서 싸움으로써 메시아의 통치를 앞당길 수 있다고 믿었다.

이처럼 종파마다 다양한 견해들이 있었지만 같은 종파라고 해서 모든 점에서 의견의 일치를 본 것은 아니었다. 예를 들어 율법을 철저히 준수할 것을 가르친 바리새파 계열의 랍비들과 그 제자들 사이에서 가장 중요하고도 보편적인 화두는 바로 이것이었다.

'과연 무엇을 하여야 영생을 얻을 수 있는가?'

이 질문을 들고 부자 청년은 예수님의 견해를 물으러 왔고, 율법사는 율법과 천국에 대한 예수님의 사상을 시험하려고 찾아온 것이다.

1세기의 족집게 과외:
무엇을 해야 영생을 얻을 수 있는가?

비록 동기는 다르지만 율법사와 부자 청년이 예수님께 들고 온 질문은 바리새파 랍비들이 고민하던 핵심 주제였다.

"어떤 율법교사가 일어나 예수를 시험하여 이르되 선생님 내가 무엇을 하여야 영생을 얻으리이까"(눅 10:25).

"어떤 사람이 주께 와서 이르되 선생님이여 내가 무슨 선한 일을 하여야 영생을 얻으리이까"(마 19:16).

우리는 예수님이 활동하시던 1세기 당시의 상황 속으로 들어갈 때 율법사와 부자 청년이 들고 온 질문의 성격을 온전히 이해할 수 있다. 이들이 고민하던 문제, 즉 영생으로 인도하는 '선한 일'은 미가서 말씀에 기초를 두고 있다.

"사람아 주께서 선한 것이 무엇임을 네게 보이셨나니 여호와께서 네게 구하시는 것은 오직 정의를 행하며 인자를 사랑하며 겸손하게 네 하나님과 함께 행하는 것이 아니냐"(미 6:8).

영생으로 인도하기 위해 하나님이 사람에게 보이신 '선한 것'은 당시에 '계명'

(commandments)으로 이해되었는데, 모세의 율법에 나오는 613개의 계명들 가운데 영생을 확실하게 보장하는 '그 계명'이 과연 무엇인가를 놓고 랍비들은 많은 토론을 벌였다.

예수님이 활동하시던 1세기 이스라엘은 초기 기독교가 탄생한 '모판'이 되었는데, 당시의 사회적, 문화적, 종교적 배경을 이해하는 것은 복음서, 특히 예수님의 말씀을 이해하는 데 있어서 결정적인 실마리를 제공한다. 영생을 확실하게 보장하는 바로 '그 계명'(The commandment)을 주제로 예수님께 찾아온 율법사와 부자 청년도 이러한 당시의 종교적 배경을 알 때 새롭게 이해할 수 있다.

이스라엘 역사는 바벨론에 의해 유다 왕국이 멸망하고, 게다가 하나님의 임재를 상징하는 솔로몬의 성전이 파괴된 것을 기점으로 놀라운 전환점을 맞게 된다. 시온으로 불리는 예루살렘에서 성전이 그 위용을 자랑할 때, 모든 종교적 행사는 성전에서 드려지는 희생제사에 집중되었다.

하지만 그러한 성전이 우상숭배를 하는 바벨론 이교도들에 의해 처참하게 파괴되는 상황은 당시의 종교적인 유대인들로서는 도저히 잊을 수 없는 수치와 충격의 경험이었다. 과연 여호와 하나님은 자신의 백성인 이스라엘, 하다못해 자신의 집인 성전마저 지키지 못하는 능력 부재의 보잘것없는 신이었단 말인가? 이전에 홍해를 가르는 놀라운 기적을 통해 애굽에서 구원해 낸 여호와의 능력의 팔이 과연 짧아진 것인가? 이것이 유다 왕국의 멸망기와 성전 파괴의 격변기를 경험한 선지자들의 고민이고 울분이었다. 이들의 고민은 하박국 선지자의 고백을 통해서도 확인된다.

"주께서는 눈이 정결하시므로 악을 차마 보지 못하시며 패역을 차마 보지 못하시거늘 어찌하여 거짓된 자들을 방관하시며 악인이 자기보다 의로운 사람을 삼키는데도 잠잠하시나이까"(합 1:13).

이후 바벨론 포로 생활을 경험한 유대인들을 통해 종교적 혁신 운동이 일어나게 된다. 이들은 오랜 기간의 포로 생활을 통해 자신들이 현재 당하는 모든 고난의 원인은 여호와의 능력의 팔이 짧아졌기 때문이 아니라, 자신들의 불순종과 우상숭배로 인한 것임을 깨달았다. 이들은 바벨론 강변에서 시온을 생각하며 울며 회개했다.

"우리가 바벨론의 여러 강변 거기에 앉아서 시온을 기억하며 울었도다" (시 137:1).

그리고 하나님이 은혜를 주셔서 다시 고국으로 돌아가게 된다면 하나님의 말씀에 철저히 순종하리라 결심했다.

"예루살렘아 내가 너를 잊을진대 내 오른손이 그의 재주를 잊을지로다 내가 예루살렘을 기억하지 아니하거나 내가 가장 즐거워하는 것보다 더 즐거워하지 아니할진대 내 혀가 내 입천장에 붙을지로다"(시 137:5-6).

페르시아에 의해 바벨론이 무너지면서, 유대인들은 고국으로 귀환하게 되는

열린다 바유
선한 사마리아인 이야기

데, 이들은 더 이상 불순종과 우상숭배로 점철된 조상들의 그렇고 그런 후손들이 아니었다. 이들은 율법학사인 에스라의 지도를 받으며 율법에 철저히 헌신된 사람들로 거듭난 것이다.

> "에스라가 하나님의 성전 앞에 엎드려 울며 기도하여 죄를 자복할 때에 많은 백성이 크게 통곡하매 이스라엘 중에서 백성의 남녀와 어린아이의 큰 무리가 그 앞에 모인지라"(스 10:1).

율법에 대한 철저한 순종과 헌신은 왕국의 멸망과 성전 파괴를 경험한 전후 세대들에게서 나타난 현상이다. 이전에는 성전의 희생제사가 신앙의 중심에 있었다면 이후로는 율법에 대한 순종을 중요시하게 되었다. 물론 성전이 세워지기 이전인 사무엘 시대에도 희생제사보다 순종의 중요성이 강조된 바 있다. 사무엘 시대는 성전이 세워지기 전이지만 성전의 전신인 성막에서 희생제사가 드려지던 때였다.

> "사무엘이 이르되 여호와께서 번제와 다른 제사를 그의 목소리를 청종하는 것을 좋아하심같이 좋아하시겠나이까 순종이 제사보다 낫고 듣는 것이 숫양의 기름보다 나으니"(삼상 15:22).

이러한 가르침은 성전 파괴 이후 포로기의 아픔을 거치고 돌아온 귀환민들을 중심으로 강력하게 실천으로 옮겨졌다.

포로기 이후 율법에 대한 순종이 신앙의 새로운 트렌드로 자리 잡으면서 613개의 계명을 철저히 지키기 위해 각각의 계명을 실생활 가운데 어떻게 적용할 것인가의 문제들이 대두되었다. 특히 많은 계명들 가운데 가장 중요한 '그 계명', 영생을 확실하게 보장해 주는 '그 계명'이 무엇인가에 대한 관심은 당시의 종교적인 신앙인들의 주된 관심과 의문이었다.

당시의 랍비들은 백성들에게 613개의 복잡한 계명들을 일목요연하게 정리하고 총망라해 주는 '바로 그 계명'을 제시해 주었다. 복잡한 율법조항들 가운데 영생을 보장해 주는 한두 개의 확실한 계명을 제시하는 것은 당시 랍비들에게 요구된 사회적 그리고 종교적 의무였다. 이는 마치 오늘날 대입 합격의 관문을 뚫기 위해 족집게 과외, 벼락치기 과외를 해주는 학원가의 명강사들에 비유된다.

율법의 정신을 한마디로 요약한다면?

예수님보다 약간 앞선 시대를 살던 최고 랍비인 힐렐과 샴마이에 얽힌 재미있는 일화가 있다. 한 시대를 대표하던 힐렐과 샴마이는 성격 면에서 좋은 대조를 이루었는데 힐렐은 인내심이 많았던 반면 샴마이는 조급한 성격으로 유명했다.

하루는 한 이방인이 유대교로 개종하기 위해 두 명의 랍비에게 차례로 찾아 갔다. 그는 유대인들이 조목조목 지키는 613개나 되는 성문율법을 도저히 지킬 자신이 없었다. 어디 이뿐인가? 각각의 성문율법에 대한 해석을 다룬 구전 율법으로 들어가면 그 내용은 더욱 방대해진다. 먼저 랍비 샴마이에게 찾아간 이방인은 이렇게 제안했다.

"내가 한 발로 이렇게 서 있을 동안 토라(성경) 전체를 가르쳐 주시오. 그러면 내가 유대교로 개종하겠소."

이방인의 약간은 고약한(?) 제안을 들은 샴마이는 채찍을 만들어 그를 때리고 그의 어리석은 질문을 책망했다. 실망한 이방인은 다시 랍비 힐렐에게 찾아가 동일한 제안을 했다. 힐렐은 특유의 인내와 위엄으로 이방인을 맞이했고 그에게 율법의 대강령, 즉 율법 전체의 요약본(summary)을 제시했다.

"남이 너에게 하지 않기를 바라는 것을 너도 남에게 하지 마라. 이것이 최고의 계명이다. 나머지 계명들은 이것에 대한 주석일 뿐이다."

흔히 힐렐의 황금률로 불리는 이 말씀은 산상수훈에서 예수님이 가르치신 또 다른 황금률을 떠오르게 한다. 힐렐의 황금률이 '네거티브'(negative) 버전이라면, 예수님의 황금률은 '포지티브'(positive) 버전이라는 차이가 있을 뿐이다.

응? 어디 갔지?

? 응? 어디 갔지?

알겠냐?

OK?

"그러므로 무엇이든지 남에게 대접을 받고자 하는 대로 너희도 남을 대접하라 이것이 율법이요 선지자니라"(마 7:12).

쉐마 이스라엘, 율법의 최고 강령

613개의 율법 가운데 최고 강령이 되는 율법이 무엇인가를 정의할 때 '하나님을 사랑하고 이웃을 사랑하라'는 계명이 등장한다. 율법 전체를 '하나님 사랑, 이웃 사랑'으로 갈무리하는 것은 현대의 기독교인들에게도 낯설지 않다. 기독교의 상징인 '십자가'의 세로 면을 하나님 사랑, 가로 면을 이웃 사랑으로 가르치기 때문이다. 동전의 양면처럼 내면적인 하나님 사랑은 외면적인 이웃 사랑으로 표현되어야 한다.

흔히 '사랑의 이중 계명'으로 불리는 이 말씀은 신명기 6장 4–5절과 레위기 19장 18절 말씀을 하나로 묶은 것이다. 누가복음에서는 율법사의 입을 통해 나온 율법의 최고 강령이 마가복음과 마태복음의 병행구절에서는 예수님의 입을 통해 나왔다는 차이가 있다.

"이스라엘아 들으라 우리 하나님 여호와는 오직 유일한 여호와이시니 너는 마음을 다하고 뜻을 다하고 힘을 다하여 네 하나님 여호와를 사랑하라"(신 6:4–5).

열린다 비유
선한 사마리아인 이야기

"원수를 갚지 말며 동포를 원망하지 말며 네 이웃 사랑하기를 네 자신과 같이 사랑하라 나는 여호와이니라"(레 19:18).

전 인격을 다해 하나님을 사랑하도록 명령한 신명기 6장 4-5절 말씀은 '쉐마 이스라엘'(들으라 이스라엘)로 불리는 기도문으로 성서시대부터 지금까지 이스라엘 성인 남자들이 하루에 두 번씩 암송하는 유명한 말씀이다. 이 계명은 예수님의 가르침뿐 아니라 1세기 당시 유대교에서도 율법의 정점이 되는 핵심 계명으로 여겨졌다.

여기에 언제부터인가 '이웃 사랑'에 대한 계명인 레위기 19장 18절 말씀이 추가되면서 두 계명이 하나로 묶어졌다. 신명기와 레위기로 흩어져 있던 두 계명이 마치 처음부터 하나의 계명이었던 것처럼 인식된 것이다.

많은 성서학자들은 서로 다른 책에 씌어진 두 계명의 유사성을 연구하면서, 두 계명이 모두 '베아하브타'(ואהבת), 즉 '사랑하라'는 명령형으로 되어 있는 것에 주목했다. 이런 명령형은 두 말씀 외에도 신명기 11장 1절과 레위기 19장 34절에 나타난다. 이 말씀들도 각각 하나님 사랑(신 11:1)과 이웃 사랑(레 19:34)에 대한 계명을 담고 있다. 결국 레위기와 신명기로 따로 떨어진 계명이지만 '베아하브타'라는 특이한 명령형으로 시작되는 두 계명을 보면서 당시 랍비들은 '자석'과 같은 친근감을 느꼈을 것이라는 게 성서학자들의 추측이다.

복음서에 나타난 예수님의 말씀 외에도 '사랑의 이중 계명'이 유대교와 초기 기독교 문헌에서 중요한 위치를 차지했음을 보여 주는 자료는 많이 있다.

초기 유대교 문헌

"자기 몸을 사랑하는 것처럼 너의 형제를 사랑하라"(Jub. 36:4-8).

"모세와 선지자의 손을 통해 주어진 계명처럼 온 마음과 뜻을 다해 하나님을 찾고 그분 앞에서 선과 공의를 행하기 위해서… 그분이 선택한 모든 사람을 사랑하고 그분이 거절한 모든 사람을 미워하기 위해서… 모든 빛의 자녀들을 사랑하고 어두움의 자녀들을 혐오하기 위해서…"
(1Q 1.1–3, 9–10).

"그러나 연구된 방대한 진리와 원칙들 가운데 다른 무엇보다도 두드러지는 두 가지가 있으니, 하나는 경건과 거룩함으로 드러나는 하나님께 대한 의무와 다른 하나는 인간애와 정의로 드러나는 인간에 대한 의무다"(Philo, Spec. Leg 2.63).

"나는 내 평생 경건함 가운데 행했다. 내 온 힘을 다해 하나님을 사랑했고, 내 자녀를 사랑하듯이 모든 사람을 사랑했다"(T. Iss 7:6).

초기 기독교 문헌

"삶을 살아가는 중요한 원칙은 이것이니 첫째는 너를 창조하신 하나님을 사랑하는 것이고, 둘째는 네 몸처럼 네 이웃을 사랑하는 것이다"(Didache 1:2).

열린다 비유
선한 사마리아인 이야기

"너를 창조하신 그분을 사랑해야 한다… 네 자신의 목숨보다 더 네 이웃을 사랑해야 한다"(Barn 19:2, 5).

'사랑의 이중 계명'은 당시 유대교의 심장이고 아울러 복음서에 나타난 예수님 사역의 기초가 되는 중요한 말씀이다. 바울 사역에서도 사랑 계명의 중요성이 강조된다.

"온 율법은 네 이웃 사랑하기를 네 자신같이 하라 하신 한 말씀에서 이루어졌나니(갈 5:14).

예수님과 당시 랍비들은 '사랑의 이중 계명'이 율법 전체에서 가장 중요하고도 중심적인 계명이라는 점에서는 분명한 의견의 일치를 보았다. 특히 전 인격을 다해 하나님을 사랑하라는 데서는 두말할 필요가 없었다. 하지만 '이웃 사랑'의 문제에 들어가면 확실한 차이점이 드러난다. 내 몸처럼 사랑해야 할 이웃의 정의와 그 한계를 어디까지로 정할 것인가의 문제가 바로 예수님과 당시 랍비들 간에 가장 의미 있는 차이였던 것이다.

04

율법사는 왜 '이웃'에 대해 물었을까?

이웃의 정의와 한계

바리새인들은 자신들처럼 율법에 철저히 순종하는 바리새파 계열의 사람을
최상위 이웃으로 해서 우선순위로 도와야 할 이웃 리스트를 작성했다.
'내 이웃이 누구인가?'라는 질문을 통해 율법사는
예수님이 제시하는 이웃 리스트를 듣고 싶었던 것이다.

예수님과 율법사가 벌인 토론의 공방전은 두 개의 라운드로 나뉘어서 펼쳐졌다. 1라운드가 '어떻게 영생을 얻을 수 있는가'를 주제로 했다면 2라운드에서는 '내 이웃이 누구인가'를 주제로 다루고 있다.

율법사는 영생을 얻는 길에 대한 자신의 생각을 피력했고 예수님도 이에 동조하듯이 말씀하셨다.

> "예수께서 이르시되 네 대답이 옳도다 이를 행하라 그러면 살리라 하시니"
> (눅 10:28).

결과적으로 자기가 던진 질문에 스스로 답한 '자문자답'의 꼴이 된 율법사는 1라운드의 공방을 통해 일단 율법과 천국에 대한 예수님의 생각이 어떠한지 떠볼 수 있었다. 율법사는 예수님에게 심각한 이단성은 없다고 잠정적인 결론을 내린 듯하다. 그러고서 '그러면 내 이웃이 누구인가'란 질문을 던지며 2라운드 공방을 시작한다.

율법사는 2라운드 공방에서 왜 갑자기 '이웃'에 대한 질문을 한 것일까? 언뜻 보면 같은 신앙 노선에 서 있는 것처럼 보이던 예수님과 랍비들(본문의 율법사를 포함해서) 간에는 심각한 견해 차이가 있었는데, 그것은 바로 영생을 얻기 위해 내가 내 몸처럼 사랑해야 할 이웃을 어떻게 정의하고 어디까지를 나의 이웃으로 한계 지을 것인가의 문제에서 확실하게 발견된다.

이번 장에서는 율법사와 당시 랍비들이 생각하던 이웃의 개념과 한계에 대해 다루고자 한다.

예수님은 율법사의 의견에 동조한 것인가?

예수님은 영생을 얻는 길, 즉 영생으로 인도하는 계명으로 '하나님 사랑과 이웃 사랑'의 계명을 제시한 율법사의 생각에 동조하는 듯한 말씀을 하셨다.

"네 대답이 옳도다 이를 행하라 그러면 살리라 하시니"(눅 10:28).

그렇다면 예수님은 율법을 행함으로써 얻는 구원, 즉 '행위 구원'에 대해 인정하고 동의한 것인가? '선한 사마리아인의 비유'를 다루면서 많은 크리스천들은 언뜻 모순되어 보이는 이 말씀 속에 숨겨진 의미에 그다지 주의를 기울이지 않는다. 이 말씀은 분명 예수님이 율법사에게 영생을 위한 길로써 '행위 구원'을 제시한 것처럼 보인다.

하지만 이 말씀도 깊이 묵상해 보면 정반대의 상황인 것을 알 수 있다. 율법사는 예수님이 자기 생각에 동조한 것으로 착각하고 의기양양하게 2라운드 공방에 들어갔겠지만 그것은 말 그대로 율법사 혼자만의 착각이었다.

영생에 이르게 하는 계명으로 예수님이 인정한 '사랑의 이중 계명'은 크게 두 부분으로 나뉘어 있다. 첫째는 하나님 사랑이요, 둘째는 이웃 사랑이다. 여기서 그 순서가 중요하다. 하나님을 사랑하는 것이 먼저다. 사람은 하나님의 사랑이 그 마음에 부어진 바가 없으면 이웃을 사랑하는 것이 불가능하다.

하지만 여기서 더욱 중요한 것은 이것이 영생에 이르게 하는 핵심 계명인 줄 알면서도 이를 행할 수 있는 능력이 우리 안에 없다는 사실이다. 예수님은 결코 율법을 행함으로써 영생을 얻는 행위 구원의 교리를 설파하고 있는 것이 아니다. 예수님은 단지 "이것을 행하면 살 것이다"라고 말씀하셨을 뿐이다. 즉 이것을 행할 수만 있으면 살 수 있다는 것이다.

이는 마치 "네 앞에 있는 10m 장벽을 뛰어넘으면 영생을 얻을 수 있다"고 말하는 것과 같다. 율법사는 과연 예수님의 대답에 담긴 참뜻을 이해했을까?

비록 누가복음의 다른 장에서 전개된 말씀이지만, 율법사가 예수님의 말씀의 의미를 이해했다면 이후에 율법사와 예수님의 대화는 이런 식으로 전개되어야 마땅하지 않을까?

"듣는 자들이 이르되 그런즉 누가 구원을 얻을 수 있나이까"(눅 18:26).

"이르시되 무릇 사람이 할 수 없는 것을 하나님은 하실 수 있느니라"
(눅 18:27).

이미 시작부터 모순을 안고 있는 율법사의 질문

율법사가 예수님의 말씀을 이해하지 못한 것을 떠나 이미 율법사가 던진 질문 자체에는 심각한 모순이 있었다.

"내가 무엇을 하여야 영생을 얻으리이까?"(What shall I do to inherit eternal life)

여기서 '얻는다'(inherit)는 동사와 '한다'(do)는 동사는 서로 부합되지 않는다. 영생을 얻는다고 할 때는 'inherit'을 동사로 쓰는데, 이것은 가족 구성원에게만 주어지는 유산을 받을 때 쓰이는 동사다. 이런 경우 히브리어 동사는 '요레쉬'(ירש)를 사용한다. '영생을 얻는다'와 '유산을 얻는다'는 공통적으로 '요레쉬'라는 동사를 사용한다.

유산은 가족 구성원에게만 주어지는 일방적인 선물이다. 비록 친자식이 아니라 해도 그 사람이 법적으로 입양된 자식이라면 부모의 유산은 그에게도 동일하게 주어진다. 그야말로 유산은 자녀에게 일방적으로 주어지는 선물이요 은혜인 것이다. 유산은 결코 외부인이 자신의 선행이나 업적에 대한 보상을 자랑하며 당당히 요구할 수 있는 성격의 것이 아니다.

유대인들이 '영생을 받는다'와 '유산을 받는다'에서 똑같이 '요레쉬' 동사를 사용하는 것은 영적인 의미가 있다. '영생'도 '유산'과 마찬가지로 특별히 자녀에게 주어지는 일방적인 선물이요 은혜라는 것이 유대인들의 사고인데, 이런 사고가 히브리어 동사에 녹아 있는 것이다.

'영생'이 '유산'과 같이 자녀에게만 주어지는 일방적인 선물이라는 유대인들의 사고는 구약성경에서 비롯된 것이다. 구약시대 이스라엘 역사에서 전환점이 된 가장 중요한 사건은 출애굽 이후 약속의 땅 가나안으로 들어간 일이다. 유대인들은 약속의 땅에 들어가는 것, 즉 땅을 '기업'(유산, inheritance)으로 받는 것은 하나님의 '자녀'가 된 이스라엘 백성들만의 특권이라고 여겼다.

이러한 사고는 왕국 시대, 포로 시대를 거쳐 시온의 영광스런 회복을 노래한 선지자들을 통해 '땅을 기업으로 받는 것 = 하나님의 구원'으로 의미가 확대되었다. 즉 기업(유산)을 하나님의 구원(영생)과 연결시킨 것이다.

> "네 백성이 다 의롭게 되어 영원히 땅을 차지하리니 그들은 내가 심은 가지요 내가 손으로 만든 것으로서 나의 영광을 나타낼 것인즉"(사 60:21).

포로기 이후 신구약 중간 시대를 지나면서 율법은 유대인들의 사고 체계에서 그 중심을 차지하게 된다. 많은 랍비들은 영생을 얻기 위한 길로서 모세오경(토라)에 기록된 율법을 철저히 지킬 것을 제시했다. 즉 자녀에게만 은혜로 주어지는 선물인 기업과 영생에 대한 개념에 일대 변화가 생긴 것이다. 율법에 대한 순종의 행위로써 영생을 얻을 수 있다는 사고로 발전한 계기는 바로 여기서 비롯된 것이다.

"내가 무엇을 하여야 영생을 얻을 수 있는가?"라는 율법사의 질문은 질문 자체에 모순이 있지만, 그 모순은 예수님 당시에 광범위하게 퍼진 '보편적인 모순'이었던 것이다.

영생을 얻는 지름길로서 율법에 대한 순종을 강조한 유대인들의 사고는 당시 유대 문헌들을 통해 쉽게 확인할 수 있다.

> "스스로 토라(모세오경)의 말씀을 얻은 자는 스스로 내세에 얻을 세상(영생)을 얻은 자와 같다"(m. aboth 2:8).

"위대한 토라여! 이것을 준행하는 자들에게 이 세상과 다가올 세상에서 영생이 주어질지어다"(m. aboth 6:7).

율법사는 예수님의 의도를 깨달았을까?

율법사는 예수님의 정통성을 시험하고자 '영생'에 대한 질문을 가지고 예수님께 찾아왔다. 그는 율법의 베테랑이었고 시험의 베테랑이었지만, 문제는 예수님이 그보다 한 수 위였다는 데 있었다. 예수님이 율법사의 질문에 대해 역질문으로 대답함으로써 전세가 곧바로 역전되었다. 조사자가 피조사자가 되는, 율법사로서는 참으로 익숙하지 않은 상황이 되었다. 예수님의 정통성을 시험하려던 율법사는 자신이 시험을 주도하는 것이 아니라 오히려 자신의 정통성을 시험 받는 입장이 된 것이다.

율법사는 신명기와 레위기 말씀을 조합한 '사랑의 이중 계명'으로 예수님의 질문에 답변했다. 독창적인 답변은 아니었지만 정확한 답변이었다. 예수님도 그에게 좋은 점수를 주셨다. 많은 청중들이 지켜보는 자리에서 치러진 공개 시험의 결과는 고무적이었다. 두 사람 모두 이단성이 없고 정통성 있는 신학 노선에 서 있음이 판명되었기 때문이다.

영생을 주제로 한 1라운드 공방을 마치고 율법사는 곧이어 2라운드 공방으로 넘어갔다. 이로써 그는 조사를 받게 된 익숙지 않은 상황에서 벗어나 다시 공세의 주도권을 쥐고자 했다. 아울러 예수님과 대등한 위치에 서게 된 것도 불편했다. 율법사인 그는 가는 곳마다 대접 받고 남을 가르치는 위치에 있었기 때문이다.

2라운드의 시작을 알리는 공은 '이웃'에 대한 질문과 함께 울렸다.

> "그 사람이 자기를 옳게 보이려고 예수께 여짜오되 그러면 내 이웃이 누구니이까"(눅 10:29).

율법사는 비록 혼자만의 착각이었지만 영생으로 인도하는 핵심 율법에 대한 자신의 생각에 예수님도 동조했다고 여기고 의기양양했을 것이다. 이런 율법사에게 자연스럽게 떠오른 다음 화두는 바로 '내가 사랑해야 할 이웃이 누구인가'였다.

이웃에 대한 율법사의 질문을 쉽게 풀어서 적는다면 아래와 같을 것이다.

"좋아요. 당신도 영생으로 인도하는 핵심 율법에 대해서는 나와 생각이 같군요. 자, 그렇다면 이제 우리에게 남은 것은 내가 내 몸처럼 사랑해야 할 이웃을 어디까지로 규정하느냐의 문제입니다. 당신이 생각하는 이웃은 누구이고 그 한계는 어디까지입니까?"

'내 이웃이 누구인가'라고 묻는 율법사의 의도를 저자 누가는 이렇게 밝히고 있다.

"자기를 옳게 보이려고…."

자기를 '옳게 보인다'는 것은 다분히 신학적인 개념으로서 '하나님 앞에 의롭게 된다'는 것을 말한다. 2라운드 공방에서 율법사가 던진 질문도 저자 누가가 밝힌 의도에 기초해서 약간 변형시켜 보면 이런 질문이 된다.

"내가 무엇을 하여야 하나님 앞에 의로워질 수 있습니까?"(What shall I do to justify myself in front of God).

그의 질문은 결국 1라운드에서 던진 질문과 대동소이하다. 두 질문 모두 '행위'에 초점을 맞추고 있기 때문이다.

이것을 볼 때 율법사는 영생을 얻는 길에 대한 예수님의 대답에 숨겨진 의미를 전혀 이해하지 못했음을 알 수 있다.

독일의 신학자 칼 바르트는 율법사의 영적 무지를 이렇게 지적하고 있다.

"율법사는 사람이 오직 긍휼과 자비를 통해서만 영생에 이를 수 있다는 진리를 알지 못했다. 그는 긍휼에 의지해 살기를 원하지 않았다. 그는 심지어 그것이 어떤 것인지조차 알지 못했다."

율법사는 왜 갑자기 '이웃'에 대해 물었을까?

'영생'을 주제로 한 1라운드와 '이웃'을 주제로 한 2라운드의 공방은 서로 무슨 관련이 있는 것일까? 율법사는 왜 갑자기 '이웃'에 대한 화두를 던지며 2라운드의 토론을 시작한 것일까?

'내 이웃이 누구인가'를 질문한 율법사는 1세기 랍비들이 그랬던 것처럼 예수님도 가장 가까운 이웃부터 먼 이웃까지 일종의 리스트를 제시할 것이라고 기대했을 것이다. 주전 4세기부터 시작된 그리스와 로마의 억압적인 통치로 인해 유대인들은 이웃 사랑 계명의 실천을 위해 이웃을 어디까지로 한계 지을 것이냐의 토론을 많이 벌였다. 이방인의 억압적인 통치가 이어지면서 내 몸처럼 사랑해야 할 이웃에서 이방인을 제외하는 것이 당시의 시대적 흐름이었던 것이다.

바리새인들은 자신들처럼 율법에 철저히 순종하는 바리새파 계열의 사람을 최상위 이웃으로 해서 우선순위로 도와야 할 이웃 리스트를 작성했다. 물론 이 리스트의 하단에는 이방인, 그리고 최하단에는 이스라엘을 괴롭히는 원수 국가인 로마인들과 유대인들이 경멸하는 사마리아인이 있었다. '내 이웃이 누구인가?'라는 질문을 통해 율법사는 예수님이 제시하는 이웃 리스트를 듣고 싶었던 것이다.

1세기 유대인들에게 '이웃'이 왜 중요한 화두가 되었을까?

'하나님'을 사랑하는 데에는 쉽게 의견의 일치를 보지만 내가 사랑해야 할 '이웃'을 어떻게 정의하느냐의 문제로 들어가면 상당히 복잡해진다. 율법사가 예수님께 질문한 '누가 내 이웃인가'의 이슈는 1세기 유대인들 안에서도 전혀 의견의 일치를 보지 못하던 '뜨거운 감자'에 해당했다.

바리새파는 내 몸처럼 사랑해야 할 이웃을 자신들과 같은 노선에 서 있는 바리새파 동료들로 한정 지었다. 사두개파도 마찬가지였다. 광야에서 수도원적인 공동체 생활을 하던 에세네파는 여기서 한 걸음 더 나아가 자기들 공동체에 속한 사람만을 이웃으로 정의했다. 심지어 공동체 밖의 사람을 원수요 적으로 규정해 미워하라고 명령했다. 예수님 당시에 이웃에 대한 사고는 산상수훈 말씀을 통해서도 확인된다.

> "또 네 이웃을 사랑하고 네 원수를 미워하라 하였다는 것을 너희가 들었으나"(마 5:43).

예수님은 모세오경의 율법을 인용하면서 자신만의 해석을 덧붙인 산상수훈을 새로운 계명으로 주셨다. 그런데 모세오경 어디에도 '네 이웃을 사랑하라'는 계명은 있어도 '네 원수를 미워하라'는 계명은 존재하지 않는다. 원수를 미워하라는 계명은 주로 에세네파 내에서 통용되던 이웃 사랑 윤리였던 것이다.

한편 '이웃'이라는 주제가 당시 유대인들에게 중요한 화두가 될 수밖에 없었던 이유는 '이웃 사랑'의 계명이 갖고 있는 중요성과 '이웃'에 해당하는 히브리어 단어인 '레아'(רֵעַ)가 갖고 있는 개념상의 모호성 때문이다. 앞서 언급한 대로 이웃 사랑은 하나님을 사랑하는 것과 함께 영생으로 인도하는 율법의 최고 강령으로 많은 랍비들에 의해 제시되었다. 우리 식으로 표현한다면 많은 족집게 과외 선생들이 제시한 '천국 입학을 위한 예상 시험 문제'에 단골로 등장한 주제였다는 것이다.

이처럼 '이웃 사랑'의 계명이 갖고 있는 중요성과 함께 히브리어 단어인 '레아'가 갖고 있는 개념상의 모호성이 추가되면서 문제가 더 복잡해졌다. '이웃'의 히브리어 단어인 '레아'는 문자적으로 '나에게 가까이 있는 사람'을 가리킨다.

그러면 여기서 '가깝다'는 것을 어떻게 규정하고 한계 짓느냐의 문제가 자연스럽게 대두된다.

이스라엘 왕국 시대에는 '레아'가 함께 일하는 '동료'의 의미로 사용되었다. 히스기야 왕 때 앗수르(아시리아)의 산헤립이 유다를 침공해 올 것을 대비해 기혼 샘에서 실로암 연못으로 향하는 터널을 뚫었다. 고고학에서 '히스기야 터널'로 알려진 고대의 신비는 1880년 실로암 연못에서 물장구를 치며 놀던 팔레스타인 아이들에 의해 발견된 '실로암 비문'을 통해 빛을 보게 되었다.

모두 여섯 줄로 200자가 기록된 실로암 비문은 마치 오늘날의 신문기사처럼 지하 터널 개통 당시의 분위기를 생동감 있게 전하고 있다.

"3규빗(1.3m)쯤 남았을 때 반대편에서 상대방을 부르는 목소리가 들렸다. 터널이 뚫렸을 때 동료를 얼싸안고 도끼를 서로 부딪쳤다. 물은 샘으로

실로암 비문 •

부터 1,200규빗(525m)이 흘러나왔다."

히브리어로 적힌 고대의 비문은 양쪽에서 함께 터널 공사에 참여하던 '동료'를 '레아'로 표현하고 있다.

마태복음 1장에 기록된 예수님의 족보에도 등장하는 모압 여인 '룻'(רות)도 '이웃'을 뜻하는 '레우트'(רעות)의 줄임형에 해당한다. 예수님 당시에는 이스라엘 사람 내부에서도 자신과 같은 계파에 속한 사람만을 이웃으로 한정했던 것을 볼 때, 성경은 이스라엘 땅을 벗어난 모압 출신 여인인 '룻'마저 '이웃'으로 선포하고 있다는 사실이 무척 의미심장하다.

결국 이웃에 대한 개념도 시간이 지나면서 점차 변화되고 어떻게 보면 점점 축소된 것을 알 수 있다. 그런 점에서 예수님께 '누가 내 이웃인가?'라고 물어본 율법사의 질문은, 1세기를 전후로 한 이스라엘 사회의 독특한 공동체 의식을 이해하도록 돕는 중요한 질문이 된다.

내가 도움을 주어야 할 이웃에 대한 유대교 문헌의 기록을 몇 개 발췌해 보면 다음과 같다.

"너의 빵을 의인의 무덤에 두고 죄인에게는 아무것도 주지 마라"(Tob. 4:17).

"누구에게 도움을 베풀 것인가 주의하라. 경건한 자에게 선을 베풀고 죄인에게는 도움을 베풀지 말라"(Sir. 12:1–4).

열린다 비유
선한 사마리아인 이야기

"나는 경건하지 않은 자에게 나의 분노를 쏟을 것이며 진리에서 벗어난 자들에게 어떠한 자비도 베풀지 않을 것이다"(1QS 10.19–21).

혈통 지상주의가 대두한 이유

예수님 당시 1세기 이스라엘 사회 내부의 계급 문화는 '민족의 순수한 혈통 보존'이라는 기본적인 명제 아래 이루어졌다. 이러한 부분은 신약시대의 사회적, 종교적 배경을 연구하는 많은 학자들에게도 종종 무시되어 왔다. 하지만 '순수한 혈통'에 최고의 가치를 둔 1세기 이스라엘 사람들의 사고는 복음서의 배경, 특히 '선한 사마리아인의 비유'를 낳게 한 '이웃'이라는 화두의 중요성을 이해하는 데 중요한 키워드가 될 수 있다.

순수한 혈통을 중요시한 것은 단지 사회의 상류층에 있는 제사장 가문에만 국한되지 않고 대다수를 이루던 하류의 평민들에게도 동일하게 적용된 원칙이었다. 즉 이스라엘 민족 공동체 전체가 혈통의 순수성에 과도하게 집착한 것이 1세기 이스라엘 사회의 특징이라 할 수 있다.

1세기 이스라엘 사회가 혈통 지상주의로 흐르게 된 데는 바벨론 포로생활이 중요한 계기가 되었다. 성전이 파괴되고 국가가 멸망하고 더 나아가 이국땅으로 흩어져 지내는 포로기를 지나면서 유대인들은 새롭게 태어났다. 이들은 우상숭배와 불순종으로 점철된 과거를 철저히 회개했고, 하나님의 은혜로 다시 고국 땅에 돌아온 귀환민들은 더 이상 조상들처럼 죄와 타협하는 유대인이 아니었다. 이들은 율법에 철저히 순종했으며, 때로 그것은 이방인들이 볼 때 지나치다 싶을 정도였다.

유대 국가가 없는 상태에서 돌아온 귀환민들은 모세의 율법을 중심으로 새로운 민족 공동체를 만들어 나갔다. 스룹바벨을 중심으로 성전도 새롭게 짓고 느헤미야의 지도 아래 무너진 성벽도 새롭게 수축했다. 율법에 능통한 학사 에스라는 귀환한 유대인 공동체를 율법으로 재탄생시키는 데 결정적인 역할을 한 지도자였다. 에스라는 이방인과의 통혼을 철저히 금지했고 이미 이방인과 결혼한 유대인들에게는 과감히 이혼할 것을 권면했다.

포로기 이후 율법에 대한 귀환민들의 철저한 헌신은 자연스럽게 혈통의 순수성을 중요시하는 것으로 흘렀다. 성전 재건 당시 사마리아인도 동참하겠다고 제안했지만, 유대인 지도부가 이를 매몰차게 거절한 이유도 사마리아인들이 혈통적으로 이미 유대인의 피를 잃고 혼혈화되었다고 판단했기 때문이다.

사마리아인들이 유대인들로부터 지속적인 경멸을 당한 이유도 따지고 보면 예루살렘 성전에 대적하는 독자적인 사마리아 성전을 세웠기 때문이라기보다 이들이 혈통의 순수성을 잃고 혼혈 민족이 되었기 때문이라고 보아야 한다. 바벨론 멸망 후 선지자 예레미야를 데리고 애굽으로 이주한 유대인들의 후손도 주전 172년경 제사장 오니아스 3세를 중심으로 자체적인 성전을 가지고 있었는데, 이들은 독자적인 성전을 가졌지만 혈통의 순수성을 유지한 탓에 동족 유대인으로부터 사마리아인과 같은 경멸을 받지 않았다.

완전한 사람 vs. 흠이 있는 사람

예수님 당시 1세기 사회의 계급 분화도 혈통의 순수성이라고 하는 원칙에 따라 이루어졌다. 혈통에 문제가 없는 사람은 다음과 같은 3개의 계급으로 이루어졌고 이들만이 '완전한 이스라엘 사람'으로 여겨졌다.

- 제사장
- 레위인
- 이스라엘 사람(평민)

혈통에 흠이 있는 사람들은 순수한 민족 공동체의 핵심에서 배제되었는데, 그 이유는 다분히 종교적인 성격을 띠고 있다. 즉 유대 민족은 하나님이 구별하신 특별한 민족인데, 이런 유대 민족에게 하나님이 요구하시는 첫 번째 항목은 민족의 순수성이라는 것이다. 그리고 마지막 때에 이스라엘에게 주어질 구원의 약속도 순수한 혈통을 보존한 유대인에게만 유효하다는 것이다.

혈통에 흠이 있어 유대 민족 공동체의 핵심에서 배제된 사람들은 다음과 같다.

- 제사장의 사생아
- 이방인으로서 유대교로 개종한 자
- 노예 신분이었다가 해방된 자

- 사생아
- 성전 노예
- 아버지가 없는 사람
- 주워 온 아이

이처럼 이스라엘은 바벨론 포로기 이후 이방인과 피가 섞인 사람들을 자신들과 구분했기 때문에 순수한 혈통을 가진 합법적인 가문임을 입증하는 것이야말로 민족 공동체를 재조직하는 데 중요한 토대가 되었음을 알 수 있다.

역대상 1-9장은 바벨론에서 돌아온 귀환민들의 명단을 기록하고 있는데, 12지파 중 어디에 속했는가는 물론이고 각 개인의 족보에 대해서도 소상히 기록하고 있다. 혈통에 대한 관심이 자연스럽게 족보에 대한 관심으로 이어진 것이다.

예수님 당시에 성전 제사에 참여하는 제사장들은 예외 없이 자신의 족보를 낱낱이 알았고, 이스라엘 사람(평민)들도 최소한 자신이 12지파 중 어디 출신인가를 알고 있었던 것으로 보인다.

순수한 혈통을 지닌 '완전한 이스라엘 사람'은 이론적인 가치의 차원을 넘어서 이들만이 누릴 수 있는 시민적인 권리가 있었다. 그것은 제사장에게 자신의 딸을 시집보낼 수 있는 권리였다. 하지만 이런 경우 위로 5대까지 거슬러 올라가는 조상들의 족보를 심사 받는 까다로운 절차를 거쳐야 했다. 이들은 공직에도 제한 없이 참여할 수 있는 권리가 있었는데, 이 경우에도 가문의 합법성을 심사 받는 과정을 필수적으로 거쳤다. 이를 볼 때 이스라엘 사람(평민)들의 대다

수는 최소한 자신의 위로 3, 4대의 조상들을 알고 있었을 것으로 추정된다.

1세기 이스라엘 사회에서 명예직과 고위 공직을 완전한 이스라엘 사람들이 독차지한 것은 이런 이유에서였다. 예루살렘의 고결한 사람들은 자신과 함께 서명하는 사람, 재판하는 사람, 식사하는 사람이 누구인지 확실히 모르면, 즉 그 사람이 합법적인 혈통을 가진 이스라엘 사람이라는 확신이 없으면 어떤 문서에도 서명하지 않았고, 함께 법정에서 재판 받지도 않았고, 식사 초대에도 응하지 않았다. 이것은 예루살렘의 합법적인 가문들이 일상생활의 사소한 일에 이르기까지 얼마나 외부인에게 배타적인 태도를 취했는가를 엿볼 수 있는 사례다.

완전한 이스라엘 사람만이 누릴 수 있는 특권 중 가장 중요한 것은 자신의 순수한 혈통 덕분에 조상이 과거에 이룩한 공로를 상속받을 수 있다는 것이었다. 자신의 조상 가운데 의인이 있다면 그는 조상의 공로를 이어받고 더 나아가 조상의 중보를 받을 수 있다고 여겨졌다. 이러한 사고는 순수한 혈통을 가진 완전한 이스라엘 사람만이 마지막 때에 이루어질 메시아의 구원에 동참할 수 있다는 믿음으로까지 이어졌다.

완전한 이스라엘 사람들은 그들의 조상인 아브라함의 공로를 세습 받았다는 자부심이 컸는데, 세례 요한은 이스라엘 사람들의 이런 믿음을 호되게 책망했다.

"그러므로 회개에 합당한 열매를 맺고 속으로 아브라함이 우리 조상이라

열린다 비유
선한 사마리아인 이야기

고 생각하지 말라 내가 너희에게 이르노니 하나님이 능히 이 돌들로도 아브라함의 자손이 되게 하시리라(마 3:8-9).

1세기 이스라엘 사회를 지배하던 혈통 지상주의와 순수한 혈통이 제공하는 시민으로서의 특권들을 이해할 때, 순수한 이스라엘 가문이 혈통의 순수성을 보존하기 위해 얼마나 노심초사했을지 짐작이 된다.

이처럼 순수한 혈통을 중시하던 1세기 전후의 이스라엘 사회를 이해할 때 에돔 출신의 이방인이었다가 유대교로 개종한 헤롯 가문이 100여 년의 세월 동안 이스라엘을 통치할 수 있었던 것은 신비스럽기까지 하다. 헤롯은 이스라엘 사람의 피를 전혀 갖지 않은 비천한 출신이라는 자격지심에 사로잡혀 자신의 가문에 대한 기록을 완전히 소각시켜 비밀로 부치려고까지 했다. 헤롯이 엄청난 비용을 들여 성전을 증축해 유대인의 환심을 사려고 노력했음에도 유대인들이 속으로는 헤롯을 경멸한 것도 바로 그의 비천한 출신 때문이었다.

강도는
왜 여행객을
두들겨 팼을까?

여리고 길, 강도들이 우글거리는 우범 지역

현대에는 단순 강도범들이 강력 살인범으로 돌변하는 경우가 많지만,
고대 세계의 강도들은 순순히 물건과 돈을 내놓는 사람은
웬만해선 몸을 상하게 하지 않고 돌려보내는 것이 상례였다.
무명의 여행객은 부질없이 강도들에게 저항하는 결정적인 실수를 저지른 것이다.

'누가 나의 이웃인가?'라고 물은 율법사의 질문에 예수님이 화답할 차례가 되었다. 예수님은 당시 랍비들이 그랬던 것처럼 자신이 생각하는 이웃의 리스트를 제시하시지 않았다. 그렇다고 '이웃이 누구인가'라는 주제로 딱딱한 신학 강론을 하신 것도 아니다. '누가 나의 이웃인가?'라는 율법사의 질문에 대한 예수님의 대답은 양측 사이에서 오고 간 공방전 중에서 가장 긴 형태를 띠고 있다. 바로 '선한 사마리아인의 비유'로 알려진 유명한 스토리가 이 질문에 대한 화답으로 주어진 것이다.

지금까지 예수님의 모습이 '토론의 달인'이었다면 '선한 사마리아인의 비유'로 화답하시는 예수님의 모습은 타고난 '스토리텔러'(이야기꾼) 그 자체였다. 예수님은 이야기로 다시 무대를 장악하셨다. 예수님이 만약 '이웃'을 주제로 딱딱한 신학강론을 펼치셨다면 소수의 인텔리를 제외하고 대다수의 평민들은 이내 하품을 하고 꾸벅꾸벅 졸았을 것이다. 하지만 예수님과 율법사 사이에 오고 간 공방전은 예수님이 풀어 나간 '선한 사마리아인의 비유'로 인해 새로운 국면을 맞게 된다.

'선한 사마리아인의 비유'는 다양한 캐릭터들이 숨 가쁘게 등장했다가 사라지고 많은 액션이 동반되는 '미니 플레이'(단막극)의 구조를 갖추고 있다. 아울러 각각의 장면(scene)마다 고유의 캐릭터를 가진 주인공이 나서는 옴니버스 식 드라마가 펼쳐진다.

예수님의 비유를 듣는 청중들도 숨 가쁘게 장면이 바뀌고 새로운 캐릭터들이 등장할 때마다 호기심과 기대감, 나름대로 차후의 전개를 예측하며 긴장의 끈을 놓지 못한다. 그리고 비유의 결론은, 청중들은 물론 토론의 맞상대인 율법사까지도 충격과 경악의 도가니로 몰아넣는다.

예루살렘에서 여리고로 내려가는 길: 강도들이 우글거리는 우범 지역

"예수께서 대답하여 이르시되 어떤 사람이 예루살렘에서 여리고로 내려가
다가 강도를 만나매"(눅 10:30).

예수님의 많은 비유들이 당시 유대인 청중들의 가슴에 쉽게 와 닿을 수 있었던 것은 대부분의 스토리들이 그들의 실제적인 삶의 현장과 깊이 연결되어 있기 때문이다. 예수님은 유대인 청중들의 삶과 완전히 동떨어진 공상 속의 이야기를 하신 것이 아니다.

'선한 사마리아인의 비유'가 펼쳐지는 공간적 배경인 '예루살렘에서 여리고로 내려가는 길'도 이런 점에서 예외가 아니다. '예루살렘'과 '여리고' 하면 현대의 성경 독자들에게도 무척이나 익숙하고 친근한 도시지만, 실제로 이 두 도시가 어디에 위치하는지, 두 도시 간의 거리는 얼마나 되는지, 이 길이 당시 무엇으로 악명 높았는지를 아는 사람은 많지 않다. 마치 미국 사람이 한국의 소설을 읽으며 '서울에서 부산으로 내려가다가'라는 구절을 읽을 때 받는 느낌과 비슷하다.

당시 청중들은 "어떤 사람이 예루살렘에서 여리고로 내려가다가"로 시작하는 예수님의 이야기를 듣는 순간 자기도 모르게 등골이 오싹하고 오금이 저리

며 식은땀이 흘렀을 것이다. 그것은 예루살렘과 여리고를 잇는 이 길이 이스라엘 역사에서 '강도들이 우글거리는 우범 지역'으로 악명이 높았기 때문이다.

주전 63년 로마의 폼페이우스 장군은 예루살렘을 함락시키기 위해 여리고에서 예루살렘으로 올라가야 했는데, 그는 본격적인 출정에 앞서 선발대를 보내 도로 주변에 있는 강도들의 소굴을 먼저 소탕해야 했다. 주후 11세기 이후 2세기 동안 유럽의 십자군들이 이스라엘을 통치할 때도 예루살렘과 여리고를 잇는 길은 순례객들의 호주머니를 노리는 강도들의 온상이었다. 궁여지책으로 십자군 왕국은 이 도로의 중간 지점에 요새를 만들었고, 이로써 강도로부터 순례자들을 보호하고 안전한 여행을 도울 수 있었다.

이런 역사적 사실에 기초해서 "어떤 사람이 예루살렘에서 여리고로 내려가다가"로 시작하는 예수님의 말씀을 현대인의 눈높이에 맞게 각색해 보면 아마도 이러지 않을까 싶다.

"어떤 사람이 뉴욕 맨해튼의 할렘 가 뒷골목을 걸어가다가…."

만약 한국인에게 맞게 각색한다면 어떻게 될까? 한동안 경기도 화성에서 부녀자들을 겁탈하고 살인한 연쇄살인 사건이 일어나 온 국민을 공포의 도가니로 몰아넣은 적이 있다. 이 사건을 영화화한 것이 〈살인의 추억〉이다. 이런 상황을 염두에 둔다면 우리에게는 이런 식의 각색도 가능할 것이다.

"어떤 사람이 야심한 시간에 화성의 야산을 걸어가다가…."

성전이 있는 예루살렘으로 올라오기 위해서는 서쪽에서 올라오는 '벧호론 길'과 동쪽에서 올라오는 '여리고 길'을 이용해야 한다. 지중해에 접한 서부 해안 지역에 사는 사람들은 서쪽의 벧호론 길을 통해 예루살렘으로 올라왔다.

반면 사마리아인과 껄끄러워진 이후로 동쪽에서 올라오는 여리고 길은 북쪽 갈릴리 지방에 사는 유대인들이 절기 때마다 예루살렘 성전으로 올라오는 단골 길이 되었다.

해발 600~800m에 위치한 예루살렘에서 해발 –250m에 위치한 여리고로 가는 길은 1km의 고도차를 현기증 나게 느끼며 가파르게 내려가야 하는 27km의 길이다. 이 정도의 거리는 당시로서는 나귀를 타거나 걸어서 갈 수 있는 하룻길에 해당한다. 지금은 차를 타고 30분 정도면 갈 수 있는 거리이지만 급격한 고도차로 인해 웬만한 사람들은 비행기의 이착륙 시에나 느끼는 귀가 멍멍해지는 현상을 체험한다.

여리고 길은 왜 강도들이 들끓는 우범 지역이 되었을까?

'왜 여리고 길은 강도들이 들끓는 우범 지역이 되었을까?' 하는 의구심은 실제로 이 길을 걸어 보면 자연스럽게 풀리게 된다. 말이 계곡이지 평야에 가까운 넓은 계곡이 많아 안전한 여행을 보장해 주는 갈릴리 지방과 달리, 예루살렘이 위치한 유다 지방은 깊고 험준한 계곡이 많다. 특히 서쪽에서 올라오는 벧호론 길보다 동쪽에서 올라오는 여리고 길은 그 험준함이 단연 손에 꼽히는 곳이다. 그래서 혹자는 이 지역을 '작은 그랜드캐니언'이라고 부르기도 한다.

똑같은 유다 지방이라도 서쪽에서 올라오는 벧호론 길은 푸르른 자연환경과 곳곳에 운집한 마을들로 인해 여행객들이 안심하고 걸을 수 있다. 하지만 현대 이스라엘에서는 '와디 켈트'로 불리는 동쪽의 여리고 길은 좁고 급격한 경사를 자랑하는 협곡들이 수없이 펼쳐져 있다. 군데군데 자연 동굴들이 있는 협곡이 구불구불 펼쳐진 이 길은 강도들이 잠복해 있다가 순례객들의 호주머니를 손쉽게 털기에 참으로 안성맞춤인 곳이다.

특히 이곳은 '유대 광야'로 불리는 황량하고 척박한 곳이다. 건기에는 풀 한 포기도 나지 않아 고대 작가들이 불길한 사건의 징조를 암시하는 도구로 종종 작품에 등장시키기도 했다. 이처럼 예수님의 비유는 실제적이고 역사적인 무대를 배경으로 펼쳐지고 있는 것이다.

《톰 소여의 모험》과 《허클베리 핀의 모험》으로 유명한 미국 작가 마크 트웨인도 1860년대에 유대 광야의 여리고 길을 여행한 후 자신의 책 《철부지의 해외 여행기》(*Innocents Abroad*)에서 이렇게 적은 바 있다.

> "목자들이 밤에 양떼를 지키고 천사들이 '지극히 높은 곳에서는 하나님께 영광이요 땅에서는 기뻐하심을 입은 사람들 중에 평화'라고 노래하던 거룩한 이곳엔 살아 있는 생명체가 없다. 황폐한 땅… 맹수와 살그머니 숨어 있는 여우만이 고독의 침묵 속에 잠을 잔다."

예수님 당시에 여리고 길 주변에는 세 종류의 위험분자들이 우거했다.

첫째, 문둥병자들이다. 이곳에서 발견된 수많은 문둥병자들의 뼈는 이런 사실을 재삼 확인해 준다. 도시 안에서 살 수 없고 특별한 공간에서 격리되어 살아야 했던 문둥병자들은 인적이 드문 예루살렘 동쪽의 유대 광야 쪽으로 쫓겨난 것이다.

둘째, 열심당원들이다. 예수님 당시 이스라엘은 로마 제국에 편입된 속국이었는데, 열심당으로 불린 유대 종파는 로마에 대항하여 무력 궐기를 호소하던 급진 세력이었다. 이들은 바리새파를 중심으로 한 평화파가 '기도'에 호소하던 것과 달리 기도하던 무릎을 일으켜 세워 손에 '무기'를 들고 로마와 싸울 것을 호소했다. 열심당원들, 특히 그들의 리더들은 로마 제국 입장에서는 일급 현상 수배범에 해당했다. 이들은 로마의 사정의 칼날과 치안이 쉽게 미치지 못하는 유대 광야의 구석구석에 흩어진 동굴을 자신들의 은신처로 삼았다. 실제로 주후 70년 반란을 주동한 열심당 리더인 시몬 바르-기요라의 요새가 이곳에서 발견되기도 했다.

셋째, 탈주자들이다. 1세기 유대 사회는 헤롯 대왕이 추진한 중상주의와 도시화의 여파로 급격한 사회 변혁이 이루어진 시대였다. 이런 가운데 급격한 사회 변화에 적응하지 못하고 낙오된 수많은 부랑자들, 각종 빚에 찌들려 결국 노예로 팔릴 수밖에 없던 소작농들, 강도나 좀도둑 등 각종 범죄로 쫓겨 다니던 탈주자들이 유대 광야로 몰려들었다. 황량한 환경의 이곳은 제도권이 쉽게 미치기 힘든 치안과 안보의 사각지대였기 때문이다.

유대 광야에 모인 세 부류의 그룹은 저마다 인생 배경이 달랐지만 공통된 직업과 인생철학을 갖고 이곳에서 살아갔다. 바로 '네 돈은 내 돈이고 내 돈은 내 돈이다'를 인생철학으로 삼고 남의 호주머니를 터는 '강도'라는 직업에 종사한 것이다. 이런 길을 야심한 밤에, 그것도 혼자서 걸어가는 여행객이 있다면 그야말로 고양이에게 생선가게를 맡기는 꼴일 것이다.

나는 여리고 길을 유독 좋아하는 ANC 온누리교회의 유진소 목사님이 이끄는 성지답사 팀과 함께 이 길을 두 차례 걸어 본 적이 있다. 예루살렘에서 시작해 여리고에서 끝나는 와디 켈트 전체의 길을 도보로 걸으려면 8시간은 족히 잡아야 한다. 하지만 성 조지 수도원이 있는 광야 전망대에서부터 걷기 시작하면 2시간 이내에 여리고에 도착할 수 있다. 주로 해가 뉘엿뉘엿 서쪽으로 넘어갈 즈음인 오후 4시경부터 걷기 시작하면 비록 7, 8월의 여름이라도 동쪽 비탈에 위치한 이 길에는 완벽한 그늘이 형성되기 때문에 광야의 서늘함까지 만끽할 수 있다.

특별히 좌우에 펼쳐지는 유대 광야는 목자 다윗이 노래한 시편 23편의 한 절 한 절을 완벽하게 연상시킨다. 그런 점에서 성지를 찾는 순례객들이 한 번쯤 걸어 볼 만한 길이다.

그런데 문제는 이곳이 성서시대부터 내려온 악명을 지금도 떨치는 우범 지역이라는 사실이다. 이 길 주변에는 현대 문명을 거부하고 광야에서 원시적인 삶을 살아가는 베두인들의 텐트촌이 널려 있다. 친절하게 접근하는 베두인 소년들은 순식간에 소매치기와 강도로 변하기 때문에 주의를 요한다.

한번은 성 조지 수도원이 내려다보이는 광야 전망대에서 광야가 주는 매력에 흠뻑 빠져 찬양을 하다가 베두인 소매치기 팀들의 좋은 타깃이 된 적이 있다. 개중에는 여자 순례객들만 골라서 함께 사진을 찍자고 접근해서 몸을 더듬는 성 추행범들도 있으니 각별히 조심해야 한다.

여리고 길에 있는 베두인 마을

험준한 계곡 좌우에 강도의 소굴로 이용된 많은 천연 동굴들이 보인다. 오늘날 와디 켈트로 불리는 여리고 길

혼자서 이 길을 내려가다가…

여행객들이 번번이 당하는 강도들의 소굴인 여리고 길! 이 길을 지날 때는 예나 지금이나 변하지 않는 두 가지 철칙이 있다.

첫째, 반드시 캐러밴(집단)을 이루어 피차간에 보호를 하면서 지나가야 한다는 것.

둘째, 반드시 해가 지기 전인 낮에만 이 길을 통과할 것.

이 정도면 말이 철칙이지 삼척동자도 다 아는 기본에 속한다.

'선한 사마리아인의 비유'를 들을 때 당시 유대인 청중들이 잠자코 넘어갈 수 없는 대목이 있다. 바로 이 여리고 길을 '어떤 사람', 즉 무명의 여행객이 혼자서 내려가고 있었다는 사실이다. 청중들은 곧바로 "이그, 그러다 강도 만나지…" 했을 것이다.

그리고 '이 여행객이 강도를 만났다'는 예수님의 내레이션이 이어지자 그들은 저마다 한숨을 내쉬며 이렇게 말했을 것이다.

"그러면 그렇지. 그 길이 어디라고 감히? 세상에 여리고 길을 혼자서 내려가는 사람도 다 있네…. 기어이 일을 냈구면."

하지만 스토리텔러로서 예수님의 비유가 주는 매력은 이후에 등장하는 제사장, 레위인, 사마리아인 모두 혼자서 이 여리고 길을 내려갔다는 점이다. 다분히 예수님의 의도가 담긴 상황 설정이다.

예수님의 비유는 이솝 우화와는 달리 1세기를 살던 유대인들의 현실적인 삶의 공간을 배경으로 하고 있다. 하지만 현실의 세계에서는 있을 수 없는 비현실적인 상황이 가끔 등장하기도 한다. 네 명의 등장인물이 모두 여리고 길을 혼자서 내려가는 것은 현실 세계에서는 있을 수 없는 일이기 때문이다.

이것은 예수님의 비유 속에 담긴 수사학적인 매력이다. 적당한 호기심을 던져 주는 동시에 청중을 객석에서 무대 위로 끌어올려 비유의 현장 속으로 밀어 넣고 있는 것이다.

여리고 길을 배경으로 하는 또 하나의 스토리

'선한 사마리아인의 비유'는 강도가 우글거리고 그래서 반드시 캐러밴을 이루어 통과해야 하는 여리고 길을 그 배경으로 하고 있다. 누가복음에는 이 여리고 길을 배경으로 벌어진 또 하나의 유명한 스토리가 있다. 바로 열두 살 때 부모와 함께 성전을 방문한 소년 예수에 대한 이야기다.

> "그의 부모가 해마다 유월절이 되면 예루살렘으로 가더니 예수께서 열두 살 되었을 때에 그들이 이 절기의 관례를 따라 올라갔다가 그날들을 마치고 돌아갈 때에 아이 예수는 예루살렘에 머무셨더라 그 부모는 이를 알지 못하고 동행 중에 있는 줄로 생각하고 하룻길을 간 후 친족과 아는 자 중에서 찾되 만나지 못하매 찾으면서 예루살렘에 돌아갔더니 사흘 후에 성전에서 만난즉 그가 선생들 중에 앉으사 그들에게 듣기도 하시며 묻기도 하시니 듣는 자가 다 그 지혜와 대답을 놀랍게 여기더라"(눅 2:41-47).

열린다 비유
선한 사마리아인 이야기

　악명 높은 여리고 길에 대한 배경 지식이 없으면 누가가 왜 이런 기록을 남겼을까 하는 의구심이 들기도 한다. 예수님의 부모인 요셉과 마리아가 소년 예수를 잃어버리는 상황은 강도들이 우글거리는 여리고 길, 그래서 반드시 세 그룹으로 나누어 서로 호위를 하면서 걸어야 하는 여리고 길과 관련된 배경적 지식을 알 때 파악이 가능하다. 건장한 성인 남자의 그룹이 중간에 위치한 노약자와 어린이 그룹을 앞과 뒤에서 호위하던 상황이 자연스럽게 머릿속에 그려져야 한다.

　누가는 이 사건이 '열두 살' 때 있었던 사건이라고 나이를 분명히 밝히고 있다. 이 나이는 13세에 성인식을 하던 당시 문화를 통해 볼 때 소년에서 성인으로 넘어가는 과도기에 해당한다. 열두 살 때 부모와 함께 예루살렘에 온 소년 예수는 아마도 성인식을 치른 것으로 이해된다.

예루살렘에서 갈릴리 나사렛으로 돌아갈 때는 성인식을 마친 소년 예수도 어엿한 성인이 되어 가운데 노약자와 어린이 그룹이 아닌 호위하는 그룹에 속했을 것이다. 그래서 요셉과 마리아는 아들 예수가 동행 중에 있는 줄 알았고 결국 하룻길을 지나 여리고에 도착해 인원 파악을 하는 점호 때야 아들이 없어진 줄 알게 된 것이다.

강도 만난 무명의 여행객은 유대인일까, 이방인일까?

'선한 사마리아인의 비유'에 등장하는 첫 번째 인물은 한마디로 무명의 여행객이다. 스토리텔러이신 예수님은 그 사람의 이름도, 직업도, 그 어떤 것도 밝히지 않고 있다. 여행이 목적인지, 사업이 목적인지, 아니면 제사장과 레위인들처럼 종교적인 목적인지 우리는 아무도 이 무명의 여행객에 대한 정보를 가지고 있지 않다.

이 여행객에 대한 다양한 궁금증은 잠시 뒤로하고, 일단 우리는 최소한 그가 유대인인지, 아니면 이방인인지부터 가려야 하지 않을까 싶다.

많은 비유 해석가들은 이 여행객이 유대인일 것이라고 주장한다. 스토리의 전개상 당연히 유대인일 것이고 굳이 유대인임을 밝힐 필요가 없었기 때문에 예수님도 언급하지 않았다는 것이다. 또한 객석에 무심하게 앉아 있는 유대인 청중들을 무대 위로 끌어올리는 비유의 수사학적 기법을 고려해도 이 여행객이 유대인일 때 더욱 설득력 있다는 것이 이들의 주장이다. 이들은 이 여행객이 강도를 만나 완전히 나체로 발가벗겨진 채 버려졌기 때문에 '할례 자국'이 보였을 것이라는, 약간은 지나치다 싶은 해석을 덧붙이기도 한다.

비록 소수 의견이긴 하지만, 이 여행객의 신원과 정체를 밝히지 않은 것은 '선한 사마리아인의 비유'를 통해 예수님이 가르치고자 하신 교훈의 효과를 극대화하기 위한 일종의 연막 작전이라는 주장도 있다. 예수님은 비유를 통해 내가 내 몸처럼 사랑해야 할 이웃의 한계를 제한하지 않으셨다. 내 주변에 도움이 필요한 사람이 있다면 민족, 인종, 종교, 성별 등 그 무엇도 가리지 않고 도와주어야 한다는, 초월적인 사랑과 인류애를 가르치기 위해 이 사람의 신원을 밝히지 않았다는 것이다. 이들의 주장이 맞다면 이 여행객이 유대인인지 아니면 이방인인지를 밝히는 일은 무익한 논쟁일 수 있다.

강도는 여행객을 왜 초주검이 되도록 때렸을까?

"강도들이 그 옷을 벗기고 때려 거의 죽은 것을 버리고 갔더라"(눅 10:30).

이 말씀에서 강도가 우글거리는 여리고 길을 '혼자서 내려갔다'는 것과 함께 현대인들은 놓치지만 비유를 듣던 유대인 청중들은 짚고 넘어가는 부분이 하나 더 있다. 그것은 이 무명의 여행객이 '강도에게 반항했다'는 것이다. '강도에게 반항했다'는 말이 어디에도 없는데 어떻게 그렇게 단정 지을 수 있느냐고 물을지 모르겠다. 하지만 이런 부분들이 현대의 성경 독자와 1세기 당시 유대인 청중들의 차이라 할 수 있다.

현대에는 단순 강도범들이 강력 살인범으로 돌변하는 경우가 많지만, 고대 세계의 강도들은 순순히 물건과 돈을 내놓는 사람은 웬만해선 몸을 상하게 하지 않고 돌려보내는 것이 상례였다. 특히 중동 지역의 강도들에게 이것은 보편적인 에티켓이었다. 곧 반항하지 않으면 돈만 뺏고 순순히 돌려보내는 것이다.

남자들이라면 초등학교나 중학교 때 뒷골목에서 돈을 뜯겨 본 경험이 있을 것이다. 그때를 떠올리면 여리고 길에 나타난 강도들의 행태를 짐작해 볼 수 있을 것이다. 예를 들면 이렇다.

"야, 너 돈 내놔! 흠씬 맞고 줄래, 아니면 순순히 내놓을래?"

이렇게 해서 몇 푼 쥐어 주면 다음 대사는 이렇게 전개된다.

"이게 다야? 너 호주머니 뒤져서 나오면 10원에 한 대씩 맞는다?"

비유 속에 등장하는 무명의 여행객은 혼자서 이 위험천만한 길을 여행하는 어리석은 사람인데다 부질없이 강도들에게 저항하는 결정적인 실수를 저지른 것이다. 얼마나 발악을 했으면, 강도들이 여행객을 완전히 초주검이 되도록 패고 게다가 옷을 발가벗겨 내동이치고 달아났을까.

비록 한 절뿐인 말씀이지만 이 스토리를 직접 듣는 당시의 청중들에게 이 비유 속의 여행객은 한마디로 어리석은 사람이었다. 결국 예수님은 지극히 어리석은 사람을 등장시켜 과장법적인 스토리를 전개하고 계신 것이다. 이처럼 현실과 비현실의 적절한 조화가 비유를 듣는 청중들을 적절히 긴장시키는 법이다.

비유를 듣던 청중들은 저마다 이렇게 말했을 것이다.

"참 딱한 사람일세, 세상에 이렇게 덜 떨어진 사람이 있을까?"

이렇게 말하면서 청중들은 자신도 모르게 스토리텔러인 예수님이 풀어 나가시는 비유의 현장 속으로 조금씩 빨려 들어가는 것이다.

옷이 벗겨지고 거의 죽음: 신원 확인 불가

강도 만난 무명의 여행객은 '옷이 벗겨지고 거의 죽은 채'로 길거리에 내팽개쳐졌다. 그는 급히 누군가의 도움을 받지 못하면 그대로 비명에 횡사할 비참한 처지였다. 그런데 여기에 현대의 성경 독자들이 놓치기 쉬운 또 하나의 복선이 있다. 바로 '옷이 벗겨지고 거의 죽은 채'로 버려졌다는 것이다. 이것을 들으면 현대인들은 혀를 차며 '아이고, 이를 어쩌나…' 하면서 불쌍히 여길 것이다. 하지만 1세기 유대인 청중들은 곧 그가 '신원 확인 불가' 상태로 버려졌음을 떠올릴 것이다.

1세기 이스라엘 사회에서 상부 인텔리층은 히브리어와 아람어를 사용하고 하류층의 평민들은 아람어를 사용했다. 북쪽 페니키아 해변의 도시에서는 페니키아어가 사용되었고, 갈릴리 주변의 시골 마을에서는 시리아어도 간간이 사용되었다. 사마리아 지방은 사마리아 방언이 사용되었다.

주전 63년 로마의 폼페이우스 장군은 예루살렘을 정복한 후에 헬라인들이 많이 사는 도시 10개를 지정해 '데가볼리'(헬라어로는 데카-폴리스)라는 헬라 도시 연합체를 만들었는데, 이 데가볼리 지역에서는 당연히 헬라어가 사용되었다. 이렇듯 별로 크지도 않은 1세기 이스라엘 땅에는 언어권에 따라서 서로 다른 공동체들이 누비이불처럼 흩어져서 살고 있었다.

1세기 이스라엘 사회에서 그 사람의 '정체성', 곧 그 사람이 누구이고 어느 공동체에 속한 사람인가 하는 것은 세 가지로 확인되었다. 바로 그 사람이 입은 옷과 그 사람이 말하는 언어, 그 사람의 독특한 악센트가 그것이다.

수가 성 우물가의 사마리아 여인은 예수님이 입은 옷과 하는 말을 통해 곧바로 그가 자신들과는 불구대천의 원수인 유대인임을 알아챘을 것이다. 예수님은 여인에게 자신이 유대인임을 밝힌 적도 없고 여인이 예수님께 물어 본 적도 없지만 예수님의 옷차림과 '물 좀 달라' 하는 말, 그리고 악센트를 통해 예수님이 유대인임을 알아차린 것이다.

> "사마리아 여자가 이르되 당신은 유대인으로서 어찌하여 사마리아 여자인 나에게 물을 달라 하나이까 하니 이는 유대인이 사마리아인과 상종하지 아니함이러라"(요 4:9).

예수님이 겟세마네 동산에서 체포되자 다른 제자들은 모두 도망쳤지만 베드로와 요한은 대제사장인 가야바의 집까지 줄레줄레 따라갔다. 결국 베드로는 여종 앞에서 예수님을 부인하게 되는데 이 대제사장의 여종은 베드로의 말투를 듣고 그가 갈릴리 사람인 것을 알아챘다.

> "베드로가 맹세하고 또 부인하여 이르되 나는 그 사람을 알지 못하노라 하더라 조금 후에 곁에 섰던 사람들이 나아와 베드로에게 이르되 너도 진실로 그 도당이라 네 말소리가 너를 표명한다 하거늘"(마 26:72–73).

비유에 나오는 첫 등장인물인 무명의 여행객은 강도에게 흠씬 두들겨 맞고 인사불성인 상태로 길거리에 널브러져 있다. 웬만해서는 인적이 드문 길이 여리고 길이다. 이제 남은 것은 독수리가 알아서 처리할 것이다. 이 무명의 여행객, 어리석으나 불쌍한 여행객은 과연 독수리 떼의 먹이로 운명을 달리할 것인가, 아니면 그를 도울 구원의 백기사가 나타날 것인가?

chapter

06

사회 지도층인 제사장과 레위인은 왜 여행객을 외면했을까?

~~~~~~~~~~

제사장을 얽어매던 정결법 규례

~~~~~~~~~~

24반열의 차례에 따라 고작 2주밖에 성전 봉사 직무에 참여할 수 없었던 것이
당시 제사장들의 상황임을 감안할 때, 왜 제사장들이 그토록 예민하게 반응했는지
이해할 수 있게 된다. 1년에 겨우 2주밖에 돌아오지 않는 기회를
사소한 부주의로 날려 버린다는 것은 상상할 수도 없는 일이기 때문이다.

"마침 한 제사장이 그 길로 내려가다가 그를 보고 피하여 지나가고"(눅 10:31).

극도의 어리석음으로 인해 죽을 운명에 처한 무명의 여행객! 그러나 사람의 목숨은 그리 쉽게 끊어지는 게 아닌 모양이다. 인적이 드문 그 길을 '때마침' 한 제사장이 여리고를 향해 내려가다가 그를 발견하게 되었다. 제사장은 시체처럼 길거리에 버려진 이 사람을 보고 무슨 조치를 취할 것인가? 예수님의 비유를 듣고 있던 유대인 청중들은 제사장에게서 어떤 행동을 기대했을까?

그들의 기대야 어떠했든 간에 제사장은 그를 보고 마치 '못 볼 것', 좀 심하게 말하면 '재수 없는 것'을 본 듯한 꺼림칙한 표정을 짓더니 얼른 그 자리를 피하여 지나가 버렸다. 이런 제사장의 행동을 보고 당시 유대인 청중들은 무슨 생각을 했을까? 현대의 성경 독자들 같았으면 분명 이런 반응을 보이며 제사장을 정죄했을 것이다.

"저런 못된 제사장… 아니 그러고도 성전에서 희생제사를 섬기는 제사장이라 할 수 있는가?"

그렇다면 과연 예수님의 비유를 듣고 있던 1세기 유대인 청중들도 동일한 반응을 보였을까? 우리를 놀라게 하는 역설적인 사실은 제사장이 보인 이런 행동은 당시 유대인 청중들에게 그다지 예상 밖의 행동이 아니었다는 것이다. 물론 비범한 제사장이었다면 사경을 헤매는 여행객을 위해 최소한의 응급조치를 취하는 등 특별한 행동을 했을 수도 있다. 하지만 당시 제사장들을 얽어매던 종교 규범을 잘 알던 유대인 청중들에게 제사장의 이런 행동은 전혀 이상

할 것이 없는, 게다가 무턱대고 정죄할 수만은 없는 행동이었다.

그렇다면 사경을 헤매는 사람에게 선뜻 도움의 손길을 펴지 못할 정도로 제사장들을 구속하던 그들만의 특별한 종교 규범은 무엇이었을까? 1세기 이스라엘 사회에서 제사장이 차지하던 사회적, 종교적 위치는 어떠했을까?

여리고, 제사장들이 사는 부자 도시

비유 속에 등장하는 제사장은 '때마침' 예루살렘에서 여리고로 내려가고 있었다. 이런 상황 설정은 충분히 개연성이 있고 역사적 사실에도 부합된다. 예수님의 비유가 당시 유대인 청중들의 심령에 파워풀하게 와 닿았던 이유도 예수님의 스토리 전개가 결코 억지스럽지 않았기 때문이다.

1세기 유대인 역사가인 요세푸스는 여리고가 5,000명 정도의 제사장들이 거주하던 부유한 도시였다고 기록하고 있다. 현대의 요세푸스 연구가들은 숫자와 관련된 요세푸스의 기록에 상당한 과장이 있다고들 하지만, 여리고가 상당수 제사장들이 거주하던 제사장들의 도시였던 것은 확실하다. 1세기 이스라엘 사회 연구가이며 비유 연구가로 알려진 독일 신학자 요아킴 예레미야스는 1세기 당시 이스라엘의 제사장 수를 7,200명 정도로 보는데, 이들 중 상당수가 여리고에 살았던 것으로 추정된다.

제사장은 24개의 반열로 나뉘어 있었고 1년에 2주간만 성전이 있는 예루살렘에 올라와서 봉사했다. 그러므로 대제사장을 비롯한 고위급 제사장이 아니

열린다 비유
선한 사마리아인 이야기

라면 굳이 1년에 2주간 하는 성전 봉사를 위해 예루살렘에 거주할 필요가 없었다. 이들은 평상시에는 전국에 흩어져 살다가 자기 반열에 이르면 예루살렘에 올라왔던 것이다.

많은 도시들 중 여리고는 예루살렘에 가기 쉽다는 이유로 제사장들이 선호하는 도시였다. 1세기 유대인 청중들에게 여리고는 북쪽 갈릴리에 있는 지포리와 함께 제사장들의 도시로 알려져 있었다. 결국 비유 속에 등장하는 인물인, 예루살렘에서 여리고로 내려가는 제사장은 역사적으로 충분히 개연성 있는 캐릭터다. 그는 분명 1년에 2주씩 할당되는 성전 봉사의 직무를 무사히 마치고 여리고에 있는 자신의 집으로 내려가는 중이었을 것이다.

1세기 이스라엘 사회에서 제사장은 사제 귀족으로 불리는 소수의 특권층이었다. 이런 제사장의 사회적 위치를 생각할 때 비유 속의 제사장은 '나귀를 타고' 위풍당당하게 여리고 길을 내려가고 있었을 것이다.

비유 속에서 '나귀'에 대한 직접적인 언급은 이후에 등장하는 사마리아인의 경우밖에 없지만, 당시 제사장의 사회적 위치를 생각할 때 제사장이 27km의 거리를 힘들게 걸어서 내려갔을 것으로 보이지는 않는다.

> "어떤 사마리아 사람은 여행하는 중 거기 이르러 그를 보고 불쌍히 여겨 가까이 가서 기름과 포도주를 그 상처에 붓고 싸매고 자기 짐승에 태워 주막으로 데리고 가서 돌보아 주니라"(눅 10:33-34).

제사장은 왜 그냥 지나쳤을까?

예수님 당시 제사장들의 최대 관심은 뭐니뭐니 해도 '정결법'이었다. 곧 성전 제단에서 드리는 희생제사 직무에 결격 사유가 없도록 늘 자신의 몸을 정결하게 유지해야 하는 것이다. 제사장들의 정결법 규례에서 가장 중요한 문제는 시체와의 접촉이다.

> "여호와께서 모세에게 이르시되 아론의 자손 제사장들에게 말하여 이르라 그의 백성 중에서 죽은 자를 만짐으로 말미암아 스스로를 더럽히지 말려니와"(레 21:1).

시체와의 접촉으로 인해 부정을 탄 제사장은 7일간 부정했고 이 기간에는 성전 봉사 직무에 참여할 수 없었다.

> "사람의 시체를 만진 자는 이레 동안 부정하리니"(민 19:11).

이렇게 자격 미달의 제사장들은 '제사장의 뜰'에 있는 번제단에서 드리는 희생제사 직무에 참여할 수 없었다. 대신 '여인의 뜰'에 있는 목재 챔버(chamber)에 틀어박혀서 번제단에서 태우기에 적합하지 않은 썩은 목재를 골라내는 허드렛일을 해야 했다. 당시 랍비 문헌은 시체와의 접촉으로 부정해진 제사장들을 위한 율례를 다음과 같이 말하고 있다.

열린다 비유
선한 사마리아인 이야기

"시체와의 접촉으로 부정해진 제사장은 번제단에 오를 수 없다"
(m.Kelim 1.7).

"시체와의 접촉으로 부정해진 제사장은 더 이상 시체와 접촉하는 부정을 범하지 않겠다는 서원을 하기 전에는 성전 직무에 참여할 수 없다"
(m. Bekorot 7.7).

1년 52주 가운데 24반열의 차례에 따라 고작 2주밖에 성전 봉사 직무에 참여할 수 없었던 것이 당시 제사장들의 상황임을 감안할 때, 우리는 모세오경에 나오는 정결법 규례에 왜 제사장들이 그토록 예민하게 반응했는지 이해할 수 있게 된다. 1년에 겨우 2주밖에 돌아오지 않는 기회를 사소한 부주의로 날려 버린다는 것은 제사장들에게 상상할 수도 없는 일이기 때문이다.

제사장들을 얽어매던 정결법 규례 가운데 최고 단계의 부정은 뭐니뭐니 해도 '시체와의 접촉'이다. 그래서 제사장들은 시체와의 접촉을 미연에 방지하기 위해 일상생활에서 늘 신경을 곤두세웠다. 이들은 어떤 시체도 만져서는 안 되었고, 상갓집에 가서도 안 되었고, 장례식 때는 시체를 넣은 들것 뒤에 너무 바짝 따라가서도 안 되었다. 또한 상중임을 나타내기 위해 머리를 풀어 헤치거나 옷을 찢는 일도 금지되었다. 대제사장의 경우 심지어 부모의 장례식에 참여하는 것마저 금지되었다.

"어떤 시체에든지 가까이하지 말지니 그의 부모로 말미암아서도 더러워지게 하지 말며"(레 21:11).

비유 속에 등장하는 제사장은 옷이 벗겨진 채 길거리에 내동댕이쳐진 이 무명의 여행객을 '죽은 시체'로 생각했을지도 모른다. 시체라면 당시 제사장들을 구속하던 정결법에 따라 멀리 피해서 돌아가는 게 합당했을 것이다. 제사장은 아마도 속으로 이렇게 중얼거리며 자신을 합리화했을 것이다.

'만에 하나 아직 죽지 않았더라도 곧 죽을 사람일 거야! 내가 그를 위해 할

열린다 비유
선한 사마리아인 이야기

수 있는 일이라곤 아무것도 없어….'

제사장을 얽어매던 정결법 규례와 관련된 종교적인 이유를 굳이 들지 않더라도 제사장에게는 빨리 그 자리를 벗어나야 할 정황적인 이유가 있었다. 어쩌면 자신 앞에 널브러진 인사불성의 여행객은 강도들이 자신을 끌어들이기 위한 미끼일 수도 있지 않은가? 제사장과 같은 부유층은 물불 가리지 않는 여리고 길의 강도들에게는 좋은 먹이였음에 틀림없다.

예수님 당시에 제사장들이 정결법 규례에 얼마나 과도하게 집착했는지는 탈무드(b. Yoma 23a)에 나오는 다음의 에피소드를 통해서도 확인된다.

두 명의 제사장이 나란히 번제단의 옹벽을 오르고 있었다. 번제단에 거의 올라갔을 즈음 한 제사장이 다른 제사장을 앞서게 되자 뒤로 처진 제사장이 번제용 칼을 꺼내 자신을 앞질러 간 제사장의 가슴을 찔렀다. 칼에 찔린 제사장의 아버지도 성전에서 함께 봉사하는 제사장이었다. 아버지는 칼에 찔려 신음하는 아들을 보기 위해 급히 번제단으로 올라갔다. 아버지는 이때 아들의 목숨이 붙어 있는 것을 확인하고는 이렇게 선언했다. "이 번제용 칼은 아직 제의적으로 더럽혀지지 않았다."

요세푸스는 성전에서 봉사하는 제사장들이 희생제사와 관련된 이권을 놓고 다툼이 끊이지 않았음을 기록하고 있다. 이 중에서 희생제물을 바친 제사장의 몫으로 떨어지는 희생동물의 가죽은 상당한 이권에 속했다. 오늘날도 동물 가죽으로 만든 모피는 상당한 고가에 팔리지 않는가?

이 스토리에서 두 제사장은 번제단에 나란히 올라가지만 한 제사장이 뒤처지자 희생제물을 잡는 데 사용해야 할 칼로 동료 제사장을 죽였다. 그는 분명 '제사보다 젯밥'에 관심이 많은 타락한 제사장이었다.

하지만 탈무드가 전하고자 하는 포인트는 제사장들의 부패와 타락상이 아니다. 죽어 가는 아들 제사장을 대하는 아버지 제사장의 어처구니없는 행동을 강조하고 있는 것이다. 아버지는 분명 죽어 가는 아들의 목숨보다 희생제물을 바치는 데 사용해야 할 번제용 칼이 제의적으로 부정해졌는가의 여부에 더 관심이 많았다. 아들에게 급히 응급조치를 했으면 어쩌면 살아났을지도 모른다. 하지만 정결법에 온 신경을 빼앗긴 당시의 제사장들에게 죽어 가는 사람의 생명을 살리는 것은 제의적인 정결에 비하면 늘 우선순위에서 밀렸다. 심지어 죽어 가는 그 사람이 자신의 아들이라 할지라도 말이다.

그 길로 내려가다가: 정결법 규례에 덜 예민할 수 있는 상황

정결법 규례에 노이로제를 보일 정도로 예민하게 반응하던 1세기 당시 제사장들의 상황을 이해할 때, 강도 만난 자에게 아무런 조치를 취하지 않고 다른 길로 돌아간 제사장의 행동은 당시 청중들에게 그다지 충격적으로 와 닿지 않았을 수도 있다. 하지만 '선한 사마리아인의 비유' 속에는 또 하나의 복선이 깔려 있다. 그것은 바로 제사장이 예루살렘에서 여리고로 '내려가다가' 이런 예기치 않은 상황에 맞닥뜨렸다는 점이다. 그는 여리고에서 예루살렘으로 올라가다가 이런 상황에 부딪힌 것이 아니다.

비유 속의 제사장은 '그 길로 내려가다가', 즉 1년에 2주 정도밖에 할당되지 않은 성전 봉사의 직무를 실수 없이 잘 마치고 가벼운 마음으로 여리고에 있는 자신의 집으로 돌아가는 상황이었다. 성전 봉사를 위해 예루살렘으로 '올라가는' 것과 성전 봉사를 마치고 여리고로 '내려가는' 것은 제사장을 얽어매던 정결법 규례의 관점에서 볼 때 전혀 다른 상황이 된다.

만일 제사장이 예루살렘으로 올라가는 상황이라면 정결법 규례가 제사장의 온몸과 생각을 지배할 수 있다. 성전 직무에서 제외되는 것은 물론이고 제사장에게 바쳐지는 십일조도 받을 수 없기 때문에 문제가 심각할 수 있다. 하지만 여리고로 내려가는 상황이라면 제사장을 극도로 예민하게 만들던 정결법 규례에서 어느 정도 자유로울 수 있다.

비록 제의적으로 부정해진다고 해도 다음 순번의 성전 직무까지는 충분한 시간적 여유를 갖게 된다. 결국 당시 제사장들을 얽어매던 정결법 규례의 관점에서 본다고 해도, 강도 만난 자를 모른 척하고 지나쳐 버린 제사장의 행동은 변명의 여지가 없는 것이다.

레위인은 왜 지나쳤을까?

"또 이와 같이 한 레위인도 그곳에 이르러 그를 보고 피하여 지나가되"
(눅 10:32).

때마침 나타난 제사장은 구원의 백기사도, 백마 탄 왕자도 아님이 드러났다. 하지만 강도 만난 무명의 여행객에게는 곧바로 또 다른 행운이 찾아왔다. 제사장이 지나간 후 머지않아 레위인이 그곳을 지나간 것이다. 레위인은 과연 도움이 필요한 이웃을 위해 무슨 행동을 취할 것인가?

비유의 스토리는 제사장이 예루살렘에서 여리고로 내려가는 길이었다고 밝히고 있지만, 레위인의 경우는 특별한 언급을 하지 않고 있다. 레위인이 예루살렘으로 올라가던 상황인지, 아니면 여리고로 내려가던 상황인지 우리는 알 수가 없다. 단지 레위인이 성전에서 하던 역할을 통해 유추할 수 있을 뿐이다.

레위인은 성전에서 희생제사를 섬기는 제사장을 보조하는 직무를 맡았다. 제사장의 조수요 보조의 역할인데, 찬양대로 섬기거나, 안식일마다 진설병을 굽거나, 분향단에서 태울 분향을 만들거나, 1년에 한 번씩 교체해야 하는 성전의 휘장을 만드는 일 등을 담당했다.

비유 속에 등장하는 레위인은 아마도 앞서 지나친 제사장의 보조로서 그와 한 조가 되어 성전 봉사를 마치고 여리고로 내려가던 상황이었을 가능성이 높다. 그러면 레위인은 왜 도움이 절실하게 필요한 무명의 여행객을 그냥 지나쳐 버린 것일까?

성전을 중심으로 한 예배 공동체였던 1세기 이스라엘 사회에서 제사장은 상류층, 레위인은 중류층에 해당했다. 함께 성전에서 봉사하는 직무를 맡았지만 레위인에게는 제사장만큼의 까다로운 정결법 규례가 요구되지 않았다.

그런 의미에서 레위인이 강도 만난 자를 그냥 지나친 이유를 단순히 정결법 규례에서만 찾는 것은 무리가 있을 듯싶다. 뒤따라오던 레위인은 앞서 가던 제사장이 여행객을 그냥 지나쳐 가는 상황을 보았을 수도 있다. 만약 그렇다면 자신이 응급조치나 필요한 도움을 준답시고 나서는 것이 주제 넘는다고 생각했을 수 있다. 이런 행동은 자칫 자신을 앞서 간 제사장을 욕보이는 행동이 될 수 있기 때문이다.

제사장과 레위인은 1세기 이스라엘에서 분명 '사회 지도층'에 속하는 사람들이다. 이들은 '가난하고 소외된 이웃'에 대한 사회 지도층의 온정이나 배려를 베푸는 데 실패했다. 이들을 얽어매던 정결법 규례가 나름대로 구차한 변명으로 제시될 수 있겠지만 비유를 듣고 있던 청중들은 이들의 행동을 보며 속으로 이런 질문을 던지지 않았을까 싶다.

"그게 최선입니까?"

"확실해요?"

유대인과 사마리아인은 왜 서로 으르렁거리며 싸웠을까?

유대인과 사마리아인의 갈등 변천사

북이스라엘과 남유다는 각각 앗수르와 바벨론에 멸망당한 이후
사마리아인과 유대인으로서 구별된 정체성을 형성해 갔고, 서로 갈등의 관계를 가져 왔다.
사마리아인에 대한 유대인의 입장은 시대에 따라 극과 극을 오가는 롤러코스터와 같은
변화를 보였는데, 현대 이스라엘에서 유대인과 아랍인과의 관계에서도 비슷하게 재현되고 있다.

강도를 만나 거의 초주검이 된 사람을 그냥 지나친 제사장과 레위인! 그들은 종교적인 유대 사회에서 지도층을 차지할 뿐 아니라 모두가 본받아야 할 롤모델(role model)로 여겨지던 사람들이다. 이런 사람들마저 실패했다면 과연 누가 이 시험을 패스할 것인가? 유대인 청중들은 어느덧 타고난 스토리텔러이신 예수님이 풀어 나가는 흥미진진한 비유의 현장 속으로 빨려 들어갔을 것이다.

'과연 강도 만난 자를 구해 줄 참된 이웃으로 누가 등장할 것인가?'

'과연 이 스토리 속에서 문화적 영웅(cultural hero)은 누가 차지할 것인가?'

'선한 사마리아인의 비유'를 가지고 드라마를 만든다면 작가는 틀림없이 영웅이 등장하는 부분에서 그 회를 마치고 궁금증을 최대한 유발시킬 것이다. 그러면 시청자들은 저마다 상상을 하며 한 주를 손꼽아 기다리게 된다.

'선한 사마리아인의 비유'에서 극적인 반전이며 동시에 최고 하이라이트가 되는 부분은 뭐니뭐니 해도 강도 만난 자의 참된 이웃, 즉 문화적 영웅으로 등장하는 사마리아인의 출현이다.

"제사장도, 레위인도 실패한 시험을 사마리아인이 통과했다고?"

이것은 당시 유대인 청중들에게는 단순한 '깜짝 쇼'의 차원을 넘어서 그야말로 '충격과 경악' 그 자체였다. 이들은 '어떻게 이런 일이… 뭔가 잘못 되어도 한참 잘못 되었어' 하며 예수님을 불편한 심정으로 바라보았을 것이다.

이것을 오늘날에 굳이 빗댄다면 어떤 상황에 해당할까? 마치 뮤직뱅크의 1위곡 발표를 조마조마하게 기다리는 팬들에게 2PM이나 소녀시대가 아니라 설운도나 송대관을 발표하는 것과 같은 상황이다. 당시 유대인 청중들에게 문화적 영웅으로 등장한 사마리아인은 이처럼 기대 밖이고 상상을 초월하는 인물이었다.

　과연 그 이유는 무엇일까? 우리는 요한복음 4장에 나오는 '사마리아 여인과 대화하신 예수님'으로 인해 당시 유대인과 사마리아인의 관계에 대한 어렴풋한 배경 지식이 있다. 그중 대표적인 것이 예수님 당시 유대인과 사마리아인들은 서로 상종도 하지 않을 만큼 관계가 나빴다는 것이다. 북쪽의 갈릴리 지방 유대인들은 유월절과 같은 명절을 지키기 위해 남쪽의 유다 지방에 있는 예루살렘에 올 때도 지름길인 사마리아 지방을 통과하지 않고 요단 동편을 통해 우회해서 왔을 정도다.

열린다 비유
선한 사마리아인 이야기

이런 역사적 배경을 이해할 때 예루살렘에서 갈릴리로 올라가면서 사마리아 지방을 통과하기로 작정하신 예수님, 더 나아가 복음의 불모지인 사마리아 지방에서 자신을 멸시하는 사마리아 여인과 대화를 나누신 예수님의 행동은 의미심장하다.

> "유대를 떠나사 다시 갈릴리로 가실새 사마리아를 통과하여야 하겠는지라"(요 4:3-4).

하지만 이 정도의 배경 지식만으로는 '선한 사마리아인의 비유' 속에 담긴 실제 상황 속으로 들어가기에 충분하지 않다. 유대인과 사마리아인이 서로 상종하지 않았고 서로의 땅을 밟는 것조차 거부했다면 비유 속의 선한 사마리아인은 어떻게, 그리고 무슨 용무로 예루살렘과 여리고를 오가는 길을 걸어가고 있었을까?

동쪽 여리고에서 예루살렘으로 올라오는 이 길은 서쪽에서 예루살렘으로 올라오는 벧호론 길과 함께 유다 지방의 핵심 도로에 해당한다. 우리의 생각대로 유대인과 사마리아인의 관계가 이토록 나빴다면 선한 사마리아인은 강도 만난 자를 도울 기회를 잡기도 전에 지나가는 유대인들이 던지는 돌에 맞아 비명에 횡사했을지도 모른다.

현대의 그리스도인들이 예수님의 비유를 읽으며 느끼는 당혹감은 예수님에게서 직접 듣던 당시의 청중들이 느끼던 폭소와 해학, 신랄한 풍자 등을 제대로 느낄 수 없다는 데서 비롯된다. 이는 마치 우리나라 사람이 미국 TV의 개

그 프로를 보면서 느끼는 당혹감과 비슷하다. 똑같은 프로를 보는데도 옆에 앉은 미국인들은 수시로 웃음을 '빵빵' 터트리지만 우리는 어디서 웃어야 할지 감조차 잡지 못하는 것이다.

이런 당혹감은 정반대의 상황에서도 동일하게 발생한다. 한국말을 아무리 잘하는 미국인도 한국인이 〈개그콘서트〉를 보면서 배꼽을 잡고 웃을 때 그 보조를 맞추기가 어렵다. 그것은 '언어'가 아니라 '문화'적 간극 때문에 생기는 것이다.

'선한 사마리아인의 비유'에서 신랄한 풍자와 해학을 느끼게 해주는 급소는 바로 제사장과 레위인을 이어서 사마리아인이 등장하는 장면이다. 당시의 청중들은 제사장이나 레위인이 이야기 속의 주인공일 것으로 생각했다. 하지만 이런 기대와는 달리 이야기는 사마리아인을 주인공으로 내세우며 결말을 맺는다. 결국 제사장과 레위인은 주인공인 사마리아인을 빛나게 해주는 변변치 못한 조연에 불과했던 것이다.

이런 사실이 당시의 유대인 청중들에게 안겨 주는 당혹감을 이해하려면, 유대인과 사마리아인 사이의 복잡 미묘한 갈등과 알력을 이해할 필요가 있다.

당시 유대인들에게 사마리아인은 어떤 존재였을까?

'선한 사마리아인의 비유'는 예수님이 말씀하신 많은 비유들 가운데 가장 유명하다. 이 비유의 유명세는 '선한 사마리아 사람'(Good Samaritan)이란 단어가 보통명사로서 《아메리칸 헤리티지 사전》(*American Heritage Dictionary*)에 등재된 사실

열린다 비유
선한 사마리아인 이야기

에서도 확인된다. 이 사전의 정의에 따르면 '선한 사마리아 사람'은 '헌신적으로 이웃을 돕는 자비로운 사람'을 뜻한다.

'선한 사마리아인의 비유'가 갖고 있는 유명세와 대중성은 신자와 불신자를 초월해서 온 인류에게 깊은 인상을 남긴 듯하다. 어떤 도시에서는 이웃에 대해 헌신적인 사랑을 실천한 시민에게 '선한 사마리아인 상'을 수여하기도 하고, 어떤 병원은 '선한 사마리아 사람 병원'이란 간판을 걸기도 한다.

예수님이 비유 속에서 '사마리아인'을 등장시킨 참된 의도를 알지 못하는 현대인들은 자칫 사마리아인들이 모두 희생적이고 착한 사람이었을 것이라는 오해 아닌 오해를 하기도 한다. '사마리아인'의 등장을 통해 현대의 성경 독자들과 1세기 유대인 청중들이 느끼는 것은 천양지차일 수밖에 없다.

현대의 성경 독자들이 '사마리아인'에 대해 왠지 모를 친근감을 느낀다면, 유대인 청중들에게 '사마리아인'은 극도의 경멸감과 적대감을 유발했다. 어떻게 보면 1세기 당시 유대인과 사마리아인 사이의 반목과 갈등이 '선한 사마리아인의 비유'를 통해 예수님이 전하고자 하신 메시지의 효과를 한층 더 극대화했다고 볼 수 있다.

하나의 민족, 즉 같은 이스라엘 민족에서 출발했지만 시간이 흐르면서 이방인보다 더 적대적이고 혐오스러운 관계가 된 그 역사의 현장을 추적해 보자.

사마리아인의 유래

다윗과 솔로몬이 다스린 80년의 세월 동안 전성기를 누리던 이스라엘 통일 왕국은 솔로몬이 죽고 그 아들 르호보암이 왕위에 오르자 남유다와 북이스라엘로 나뉘는 분열왕국 시대를 맞이한다. '사마리아인'으로 불리는 민족 그룹이 대두된 것은 북이스라엘이 최종적으로 멸망한 주전 722년 이후부터다. 열왕기하 17장은 사마리아인의 유래에 대해 상세히 기록하고 있다.

그 출발은 북이스라엘을 멸망시킨 앗수르의 왕이 자국민들을 북이스라엘의 핵심 지역인 사마리아 땅에 이주시켜 혼혈 정책을 편 데서 시작한다.

> "앗수르 왕이 바벨론과 구다와 아와와 하맛과 스발와임에서 사람을 옮겨다가 이스라엘 자손을 대신하여 사마리아 여러 성읍에 두매 그들이 사마리아를 차지하고 그 여러 성읍에 거주하니라"(왕하 17:24).

사마리아 땅에 이주한 정착민들은 여호와를 경외하지 않았고 결국 여호와께서는 사자들을 보내어 그들 가운데 몇을 죽게 했다. 이 일은 앗수르 왕에게 보고되었고, 포로로 잡혀온 북이스라엘의 제사장 가운데 한 명이 정착민들을 여호와의 법으로 가르치는 임무를 받고 파견되었다.

> "이에 사마리아에서 사로잡혀 간 제사장 중 한 사람이 와서 벧엘에 살며 백성에게 어떻게 여호와 경외할지를 가르쳤더라"(왕하 17:28).

열린다 비유
선한 사마리아인 이야기

하지만 사마리아 지방의 다수를 차지한 이방인 이주자들은 이전에 자신들이 섬기던 신들과 새롭게 배운 여호와를 동시에 섬기며 독특한 혼합주의를 발전시켜 나갔다.

> "이와 같이 그들이 여호와도 경외하고 또한 어디서부터 옮겨왔든지 그 민족의 풍속대로 자기의 신들도 섬겼더라 그들이 오늘까지 이전 풍속대로 행하여 여호와를 경외하지 아니하며 또 여호와께서 이스라엘이라 이름을 주신 야곱의 자손에게 명령하신 율례와 법도와 율법과 계명을 준행하지 아니하는도다"(왕하 17:33-34).

사마리아인들의 신앙은 한마디로 '혼합주의'란 말로 대표되는데, 요세푸스는 사마리아인들을 이들의 출신지 중 하나인 '구다'와 관련지어 '구다인'이라 부르기도 했다.

> "앗수르 왕이 바벨론과 구다와 아와와 하맛과 스발와임에서 사람을 옮겨다가…"(왕하 17:24).

요세푸스의 의도는 사마리아인들이 앗수르에서 이주해 온 이방인들의 후손임을 노골적으로 드러냄으로써, 사마리아인들이 유대인과는 일체의 연관성이 없음을 강조하려는 것이었다. 하지만 이것은 엄밀히 말하면 유대인들 입장에서 바라본 약간은 편파적인 시각일 수 있다. 역사적으로 본다면 유대인과 사마리아인의 정체성은 아래와 같은 변천 과정을 거치며 형성되었다.

통일 왕국시대: 이스라엘인

이때에는 유대인과 사마리아인의 구분이 없었다. 우리나라도 남한과 북한이 나뉘기 전에는 한국인(또는 조선인)으로 불렸던 것과 같다.

분열 왕국시대: 북왕국은 북이스라엘인, 남왕국은 남유다인

이스라엘인으로서의 정체성은 왕국이 분열되면서 변화가 뒤따랐다. 북왕국은 '북이스라엘인', 남왕국은 '남유다인'으로 불린 것이다. 마치 우리나라에서도 남북이 나뉜 후 남한 사람, 북한 사람으로 불린 것과 같다.

남북 왕국 멸망과 포로기 이후: 북왕국은 사마리아인, 남왕국은 유대인

남북 분열기가 오랫동안 이어지면서 민족의 동질성은 점차 희석되었다. 동질성을 잃어버린 하나의 민족은 시간이 지나면서 점차 서로를 향해 경멸과 무시를 표출하게 된다. 이런 적대감이 표출된 것이 '사마리아인'과 '유대인'이란 호칭이다. 결국 유대인들의 경멸적인 뉘앙스가 숨겨진 '사마리아인'이라는 호칭은 가치 중립적인 표현을 빌리자면 '북이스라엘 사람'으로 대체할 수 있다. 물론 이들 중 상당수가 북이스라엘 토착민과 앗수르 이주자들 사이에서 태어난 혼혈인이긴 하지만 말이다.

유대인-사마리아인 갈등의 변천사

북이스라엘과 남유다는 각각 앗수르와 바벨론에 멸망당한 이후 사마리아인과 유대인으로서 구별된 정체성을 형성해 갔고, 서로 갈등의 관계를 가져 왔다. 포로기 이후부터 예수님이 사역하시던 1세기 당시까지 이들이 보인 갈등의 변천사를 추적하는 것이 '선한 사마리아인의 비유'를 이해하기 위한 역사적 배경이 된다.

사마리아인에 대한 유대인의 입장은 시대에 따라 극과 극을 오가는 롤러코스터와 같은 변화를 보였는데, 많은 성서학자들도 이러한 갈등의 변천사를 간과하곤 했다. 단순히 '유대인과 사마리아인은 상종도 하지 않았다'고 주장하기에는 그 주장이 시기에 따라 맞을 수도 있고 틀릴 수도 있기 때문이다.

시기에 따른 유대인-사마리아인 갈등의 변천사는 오늘날 현대 이스라엘에서 유대인과 아랍인과의 관계에서도 비슷하게 재현되고 있다.

2000년 2월에 이스라엘에 도착한 우리 가정은 예루살렘에서 15분이면 갈 수 있는 베들레헴과 라말라(선지자 사무엘의 고향인 라마)를 자유롭게 드나들었다. 아랍인 거주 지역인 베들레헴과 라말라의 재래시장에는 장을 보러 온 유대인 손님들로 늘 북적거렸다.

특히 라말라에는 한국 사람이 운영하는 자동차 정비소가 있어서 의사소통이 원활하지 않은 한국인들이 차량 수리를 위해 라말라로 들어가는 일이 많았다. 하지만 그 해 10월부터 양측의 갈등이 심해지면서 아랍인 민중 봉기인 '인티파다'가 발생했고, 결국 일체의 아랍 지역에 유대인들의 방문이 뜸해졌다.

간혹 옛날 생각을 하고 그곳에 멋모르고 들어갔다가 아랍인들이 던지는 돌에 맞아 부상을 당하는 유대인들이 속출했다. 급기야 예루살렘의 시내버스와 유명한 커피숍, 피자집 등이 자살폭탄 테러의 타깃이 되었다. 예루살렘으로의 접근성이 용이한 탓에 대다수 자살 테러범들은 라말라와 베들레헴 출신이었다.

급기야 두 도시의 주변을 보안 장벽으로 둘러싸는 일이 발생했다. 지금은 특별한 용무가 있는 사람만이 살벌한 검문소를 지나 통과할 수 있는 지역이 되었다. 이런 상황은 유대인과 아랍인 갈등의 최고 절정을 보여 주고 있으며 지금까지도 큰 변화 없이 유지되고 있다. 오늘날 대표적인 분쟁 지역인 이스라엘에서 유대인과 아랍인의 관계는 이처럼 시기에 따라서 갈등과 반목의 정도가 다르다.

유대인-사마리아인의 갈등도 이와 마찬가지였다. 포로기 이후 시기별로 유대인-사마리아인 갈등의 변천사를 간단히 요약하면 아래와 같다.

주전 6세기~주전 1세기 초: 관계 악화

주전 1세기 말~주후 8년: 일시적 관계 호전

주후 8년~주후 1세기 말: 관계 악화

주후 2세기: 일시적 관계 호전

주후 3세기 이후: 다시 악화되고 4세기부터는 완전한 결별

주전 6세기~주전 1세기 초

유대인과 사마리아인 갈등의 서막은 바벨론의 포로 생활에서 돌아온 유대인들이 페르시아 왕 고레스의 허락을 받고 성전 건축을 하면서 시작된다(주전 6세기). 사마리아인들은 같은 하나님을 섬긴다는 이유로 유대인들의 성전 건축에 동참하기를 원했지만, 스룹바벨을 비롯한 유대인 지도자들은 사마리아인들의 동참을 매몰차게 거절한다. 이후 사마리아인들은 유대인들의 성전 건축을 방해한다.

> "스룹바벨과 예수아와 기타 이스라엘 족장들이 이르되 우리 하나님의 성전을 건축하는 데 너희는 우리와 상관이 없느니라 바사 왕 고레스가 우리에게 명령하신 대로 우리가 이스라엘의 하나님 여호와를 위하여 홀로 건축하리라 하였더니"(스 4:3).

'성전 건축'을 빌미로 틀어지기 시작한 유대인과 사마리아인의 관계는 예루살렘 성벽 건축을 계기로 다시 한 번 악화된다(주전 5세기). 사마리아의 총독인 산발랏은 암몬 총독 도비야와 함께 느헤미야가 추진하는 예루살렘 성벽 재건을 방해하고 조롱했다. 성전 건축에서 시작된 1라운드에서는 사마리아인들의 호의를 매몰차게 거절한 유대인들이 성벽 건축으로 시작된 2라운드에서는 앙갚음을 당하는 형국이 된 것이다.

> "산발랏이 우리가 성을 건축한다 함을 듣고 크게 분노하여 유다 사람들

을 비웃으며 자기 형제들과 사마리아 군대 앞에서 일러 말하되 이 미약한 유다 사람들이 하는 일이 무엇인가, 스스로 견고하게 하려는가, 제사를 드리려는가, 하루에 일을 마치려는가 불탄 돌을 흙무더기에서 다시 일으키려는가 하고 암몬 사람 도비야는 곁에 있다가 이르되 그들이 건축하는 돌 성벽은 여우가 올라가도 곧 무너지리라 하더라"(느 4:1~3).

성전과 성벽 건축으로 촉발된 양측의 갈등은 사마리아인들이 예루살렘 성전에 대항하는 의미로 그리심 산에 자체적인 성전을 건축하면서 완전한 관계 단절, 즉 파국으로 치닫는다(주전 4세기). 그리심 산 정상에 세워진 사마리아 성전에 대해 요세푸스는 알렉산더의 페르시아 원정기인 주전 332년경으로 기록하고 있다.

이집트의 프톨레마이오스 4세(주전 181~145년)는 주전 150년경 예루살렘 성전과 사마리아 성전을 둘러싸고 벌어진 이집트 내 유대인과 사마리아인 간의 분쟁을 중재하기도 했다. 주전 2세기 초에 기록된 유대인들의 지혜서인 시락서는 이런 시대적 분위기를 배경으로 하고 있는데, 사마리아인을 가리켜 '민족이라 할 수도 없는 어리석은 사람들'로 기록하며 그들을 향한 증오와 악의를 표현하고 있다.

주전 6세기부터 시작된 양측의 긴장과 갈등은 유대인 왕조인 마카베오 왕가의 요한 히르카누스(주전 134~104년)가 주전 128년에 그리심 산 성전을 파괴하면서 절정으로 치달았다.

유대인과 사마리아인 간의 적대적인 관계는 두 지역을 다스리게 된 헤롯 대왕(주전 37~4년)으로서는 반드시 해결해야 할 두통거리였다. 헤롯 대왕은 에돔 출신으로 유대교로 개종한 반쪽 유대인이었는데, 그는 사마리아 출신의 여인 말타케와 결혼함으로써 두 공동체 간에 화해가 이루어질 수 있다고 믿은 듯하다.

헤롯 대왕의 적극적인 중재 결과 주전 1세기 말 유대인과 사마리아인의 관계는 일시적인 해빙기를 맞게 된다. 이러한 긴장 완화는 사마리아인들도 예루살렘 성전의 안뜰에 들어갈 수 있었다는 당시의 기록들이 뒷받침해 준다. 예루살렘 성전은 이방인의 출입을 엄격히 금하고 있는데, 사마리아인들을 이방인 노예보다 한 단계 낮은 집단으로 여기던 유대인들의 사고가 이 시기를 맞아 혁신적으로 변했음을 보여 주는 사례다.

하지만 이러한 긴장 완화의 해빙기는 그야말로 일시적인 것에 그쳤다. 헤롯 대왕이 죽고 12년 후 성전 안뜰에 들어갈 수 있는 사마리아인들의 권리는 박탈되고 만다. 이것은 로마 총독인 코포니우스(6~9년)가 통치하던 주후 8년의 유월절에 사마리아인들이 자행한 성전 모독 사건이 그 계기가 되었다. 사마리아인들은 한밤중에 성전의 안뜰에 죽은 사람의 뼈를 뿌림으로써 유대인들의 최고 명절인 유월절 행사를 방해했다.

이 사건은 양측 간의 물고 물리는 복수전에서 촉발되었다. 유월절을 지키기 위해 갈릴리에서 예루살렘으로 오던 유대인들이 갈릴리와 사마리아의 경계에 위치한 게마라는 마을에서 살해당했다. 불같은 성격이 특징인 갈릴리 출신 유대인들은 보복하기 위해 돌격대를 조직했고, 이 돌격대는 사마리아 도시를 습격해 많은 사람들을 살해했다. 주후 8년 유월절 밤에 일어난 성전 모독 사건은 이에 대한 보복 행위로 이루어진 것이다.

주후 8년 이후

잠시 잠깐의 해빙기를 일거에 깨뜨린 주후 8년의 성전 모독 사건은 사마리아인들을 향한 유대인들의 억눌려 있던 증오심을 되살렸고 이를 계기로 1세기 말까지 두 민족 간에 극도의 적대감이 팽배해졌다.

주후 1세기에 극도의 적대감을 보이던 유대인과 사마리아인의 관계는 2세기에 다시 호전되었다. 관계 호전의 배경에는 유대인들이 로마에 대항해서 일으킨 2차 대봉기(132~135년)와 관련이 있다. 대봉기를 이끈 유대인 장군의 이름을 따라서 흔히 '바르 코흐바 반란'으로 불리는데 이 봉기의 막후에는 정신적 지주 역할을 한 랍비가 있었다. 바로 랍비 아키바인데, 그는 유대 반란군의 수적 열세를 극복하기 위한 일환으로 사마리아인들을 봉기에 참여시킬 계획을 세운다. 이런 상황이 비록 일시적이긴 하지만 사마리아인과의 관계 호전으로 나타난 것이다.

2세기의 일시적인 관계 호전은 3세기로 접어들며 다시 악화되었고 4세기부터는 완전한 결별을 하여 현재에 이르고 있다. 사마리아인들이 유대교로 개종하는 것은 금지되었고 이들은 완전한 이방인, 때로는 이방인보다 못한 존재로 여겨지게 된 것이다.

사복음서의 배경인 1세기, 갈등의 최고봉

선한 사마리아인의 비유, 더 나아가 신약성경의 배경이 되는 주후 1세기는 '유대인과 사마리아인의 관계'라는 측면에서 볼 때 가장 첨예한 대립관계를 보이던 시기였다. 대다수의 갈릴리 출신 유대인들은 지름길인 사마리아 지역을 통과하지 않고 요단 동편으로 우회해서 여리고를 거쳐 예루살렘으로 올라오곤 했다.

그럼에도 개중에는 과거 해빙기의 추억으로 인해 사마리아 지역을 통과해서 내려오는 사람도 있었다. 하지만 이들은 사마리아 지역에서 종종 강도를 만났고 양측 간의 사소한 분쟁은 유혈 충돌로 발전하곤 했다.

사마리아인 중에는 간혹 유대인들이 자신들의 마을에 남기고 간 발자국을 따라가면서 그 발자국 위에 덤불을 놓고 불을 지르는 사람도 있었다고 한다. 유대인들도 사마리아인에 대한 적개심을 하루 세 번 드리는 기도문을 통해 나타내곤 했다.

"사마리아인들이 이방인들과 함께 한순간에 멸망당하게 하시고 저들의 이름을 생명책에서 제해 주십시오"(18개 기도문에서 12번째).

사마리아인들에 대한 유대인들의 적개심은 예수님의 제자들에게도 예외가 아니었다. 이런 시대적 분위기에도 아랑곳하지 않고 '유대인' 예수님은 사마리아 지역을 통과해서 갈릴리로 올라가신 것이다.

"유대를 떠나사 다시 갈릴리로 가실새 사마리아를 통과하여야 하겠는지라"(요 4:3-4).

예수님이 사마리아 여인에게 말을 붙였을 때 여인이 예수님을 쏘아붙이며 노골적으로 냉담한 반응을 보인 것도 이런 시대적 분위기를 배경으로 하고 있다.

"사마리아 여자가 이르되 당신은 유대인으로서 어찌하여 사마리아 여자인 나에게 물을 달라 하나이까 하니 이는 유대인이 사마리아인과 상종하지 아니함이러라"(요 4:9).

예수님이 갈릴리에서 사역을 마치고 예루살렘으로 내려오기 위해 다시 사마리아 지역을 통과하실 때에도 이들은 극도의 적대감을 표출했다. 이들은 예수님의 최종 목적지가 예루살렘 성전인 것을 알고 당시 문화에서는 기본적인 의무인 손접대도 베풀지 않았다.

"예수께서 승천하실 기약이 차가매 예루살렘을 향하여 올라가기로 굳게 결심하시고 사자들을 앞서 보내시매 그들이 가서 예수를 위하여 준비하려고 사마리아인의 한 마을에 들어갔더니 예수께서 예루살렘을 향하여 가시기 때문에 그들이 받아들이지 아니하는지라"(눅 9:51-53).

그러자 제자들은 사마리아인에 대한 분노를 이렇게 표출하고 있다.

열린다 비유
선한 사마리아인 이야기

"제자 야고보와 요한이 이를 보고 이르되 주여 우리가 불을 명하여 하늘로부터 내려 저들을 멸하라 하기를 원하시나이까"(눅 9:54).

1세기 당시 유대인들에게 '사마리탄', 즉 '사마리아 사람'이란 호칭은 최고의 욕설로 통했다. 결국 유대 종교 지도자들이 예수님에게 '사마리아 사람'이라고 부른 것도 예수님을 향한 적대감의 표현인 것이다.

"유대인들이 대답하여 이르되 우리가 너를 사마리아 사람이라 또는 귀신이 들렸다 하는 말이 옳지 아니하냐"(요 8:48).

'선한 사마리아인의 비유'를 마친 후 예수님은 율법사에게 질문을 던지셨다.

"네 생각에는 이 세 사람 중에 누가 강도 만난 자의 이웃이 되겠느냐" (눅 10:36).

정답이 빤히 보이지만 그렇다고 쉽게 대답할 수도 없는 질문이었다. 그것은 유대인들이 경멸하던 사마리아인이 강도 만난 자의 진정한 이웃임이 드러났기 때문이다. 결국 율법사는 경멸스런 '사마리아인'을 자신의 입에 담지 않기 위해 완곡하게 돌려서 대답하고 있다.

"자비를 베푼 자니이다"(눅 10:37).

사마리아인에 대한 유대인들의 적대감은 이 시기 랍비들의 문헌인 미쉬나를 통해서도 잘 드러난다.

1. 랍비들은 사마리아인으로부터 속죄제와 속건제의 제물을 받지 못하도록 했다. 사마리아인들은 서원제와 자발적인 헌물만이 허용되었는데 이것은 이방인들에게도 허용된 것임을 알 때 유대인들은 사마리아인들을 동족이 아닌 이방인과 같은 수준으로 여겼음을 알 수 있다.
2. 랍비들은 사마리아인이 만든 유월절 무교병을 먹지 못하도록 했다. 이것을 먹는 자는 유대인들이 가장 혐오하는 돼지고기를 먹는 자와 같다고 했다.
3. 랍비들은 사마리아 여인들은 '요람에서부터 월경을 했던 자'로서 천성적으로 부정하다고 가르쳤다. 아울러 사마리아 여인은 화장실에서 조산아를 살해한다는 혐의가 씌워졌다. 이러한 가르침은 레위기 규정(15:24)과 관련되어 유대인 남자와 사마리아 여인의 결혼을 엄격히 금지하는 데 사용되었다.

예수님의 공생애 기간은 사마리아인에 대한 유대인들의 적대감이 최고의 절정에 달하던 시기와 정확하게 겹친다. 이런 시대적 분위기를 알 때 '선한 사마리아인의 비유'와 함께 예수님의 말씀 속에 심심치 않게 등장하는 사마리아인의 존재가 당시의 유대인 청중들에게 얼마나 모욕적이고 당혹스럽게 들렸을지 쉽게 상상할 수 있다.

"한 마을에 들어가시니 나병환자 열 명이 예수를 만나 멀리 서서 소리를 높여 이르되 예수 선생님이여 우리를 불쌍히 여기소서 하거늘 보시고 이르시되 가서 제사장들에게 너희 몸을 보이라 하셨더니 그들이 가다가 깨끗함을 받은지라 그중의 한 사람이 자기가 나은 것을 보고 큰 소리로 하나님께 영광을 돌리며 돌아와 예수의 발아래에 엎드리어 감사하니 그는 사마리아 사람이라 예수께서 대답하여 이르시되 열 사람이 다 깨끗함을 받지 아니하였느냐 그 아홉은 어디 있느냐 이 이방인 외에는 하나님께 영광을 돌리러 돌아온 자가 없느냐 하시고 그에게 이르시되 일어나 가라 네 믿음이 너를 구원하였느니라 하시더라"(눅 17:12-19).

이 말씀에서 예수님은 사마리아인을 '이방인'으로 언급하고 있는데 그렇다면 예수님도 유대인의 한 사람으로서 사마리아인에 대한 경멸감을 표현한 것일까? 물론 그렇지 않다. 사마리아인을 이방인이라 칭하신 예수님의 의도는 분명 이러했을 것이다.

"너희들이 이방인이라고 업신여기는 이 사마리아인만이 내게 돌아와 감사를 표현했다. 그렇다면 너희가 이방인이라고 하는 이 사마리아인이야말로 영적으로 보면 진정한 유대인이 아닌가!"

사마리아인들이 바라본 자기 정체성

지금까지 살펴본 것은 유대인들의 입장에서 바라본 사마리아인이다. 그렇다면 사마리아인들은 스스로 자신의 정체성을 어떻게 주장하고 있을까?

첫째, 율법의 수호자다.

사마리아인들은 남유다가 바벨론으로 끌려갈 때(주전 586년) 자신들은 거룩한 땅 이스라엘에 끝까지 남아서 하나님의 말씀을 지켰기 때문에 자신들이야말로 진정한 율법의 수호자라고 주장한다. 사마리아인을 가리키는 히브리어는 '쇼므로님'(שומרים)인데, 그 의미가 '수호자', 즉 '율법의 수호자'임을 알 때 이들의 주장은 어느 정도 설득력을 얻게 된다.

주후 1세기(66~73년)와 2세기(132~135년)에 일어난 두 차례의 대로마 항쟁으로 인해 유대인들은 전 세계로 흩어져 방랑의 시간을 가졌지만, 이후에도 사마리아인들은 2000년 동안 약속의 땅에 남아 율법의 정통성을 유지해 왔다는 것이 이들의 주장이다. 사마리아인들은 자신들이 사라진 에브라임, 므낫세 지파의 후손이라고 주장한다.

둘째, 순수한 혈통이다.

유대인들은 북이스라엘 멸망 후 사마리아인들의 혼혈화를 문제 삼고 성전 건축에 참여하겠다는 그들의 요청을 거부했지만, 주후 1세기 이후 전 세계에 디아스포라로 흩어져 살다가 20세기에야 현대 이스라엘 국가로 독립한 현대의 유대인들과 비교해 보면 이것도 그리 흠이 되지는 못한다. 2000년 동안 이방 국가를 방랑한 유대인들도 혼혈화되기는 마찬가지이기 때문이다. 오히려 피의 순수성이라는 측면에서 본다면 사마리아인들이 초기의 혼혈화 기간을 제외하면 이후 대부분의 시간을 성지 이스라엘에 살면서 종족 내 결혼을 고수하며 공동체의 순수성을 지켜 왔다. 이것을 볼 때 유대인보다 더 순수한 혈통이라고 볼 수 있다.

사마리아인의 유월절

성지 이스라엘에 남아 율법의 전통을 고수하며 살아온 사마리아인들은 현대 이스라엘에서 600명 남짓에 불과한 소수 민족으로 남아 있다. 아마도 전 세계의 소수 민족 가운데서도 가장 숫자가 적은 공동체일 것이다. 5세기경 한때 120만 명에 육박하던 것과 비교해 볼 때 지금은 거의 멸종 수준에 가깝다. 그나마 1917년 영국이 이스라엘을 지배하던 오스만 투르크 세력을 물리치고 실시한 인구조사에서 106명이었던 것에 비하면 현재는 6배 가까운 성장을 이룬 셈이다.

오늘날 사마리아인들은 그리심 산 주변과 텔아비브 근교의 홀론 시를 중심으로 살아간다. 사마리아인들에게 결혼은 종족 보존을 위한 가장 큰 행사로서 매년 여름 한꺼번에 결혼식이 행해진다. 대제사장은 제사장 출신 가족 가운데 최고 연장자가 맡으며 공동체의 정신적 지도자 역할을 한다.

공동체 멤버는 대제사장에게 철저한 순종을 해야 하는데, 불순종은 공동체에서의 출교를 각오해야 하는 중죄에 해당한다. 지난 30여 년간 출교된 자가 불과 30여 명에 불과했다고 하니 대제사장을 중심으로 일사불란하게 살아가는 모습을 짐작해 볼 수 있다.

해마다 사마리아 유월절이 되면 그리심 산 정상의 사마리아인 마을에서는 전 세계에서 몰려든 관광객들의 이목을 사로잡는 행사가 벌어진다. 바로 2500년 간 이어져 내려온 사마리아 유월절 행사가 그것이다. 사마리아 유월절은 유대인들의 유월절보다 보통 한 달 뒤에 행해진다. 유대인들이 주후 70년 성전이 파괴된 이후로 유월절 행사에서 피 뿌리는 예식을 생략한 것과 달리, 사마리아인들은 모세 때부터 행해진 유월절 어린 양을 잡고 피 뿌리는 예식을 오늘날까지 그대로 재현하고 있다.

단기 성지순례자들은 시간을 맞추기도 힘들고 하루를 온전히 투자해서 이

＊우슬초에 찍은 어린 양의 피

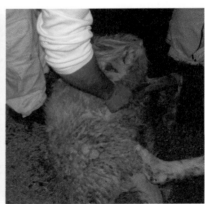
＊사마리아 유월절에 양을 잡는 모습

열린다 바유
선한 사마리아인 이야기

행사에 참여하기가 쉽지 않지만, 이 행사는 다른 일정을 포기하더라도 한 번쯤 참여해 볼 만한 가치가 있다. 가정별로 한 마리의 양을 잡는데 행사의 최고 하이라이트는 일시에 어린 양의 목을 치는 장면일 것이다.

이후 어린 양의 피는 성경에 기록된 것처럼 우슬초 묶음에 찍히지만 문설주 대신 흰옷을 입은 사마리아인들의 옷에 흥건하게 뿌려진다. 행사는 어린 양을 구워 먹으며 자정 무렵에야 끝이 나는데, 끝까지 남아서 구경한다 해도 이방인들에게는 한 점의 고기도 절대 나눠 주지 않으니까 처음부터 기대하지 않는 게 좋다.

비록 이스라엘 건국 전이지만 1841년 유대인 최고 랍비는 사마리아인을 모세오경을 따르는 유대인의 한 종파로 인정해 주었고, 건국 후에는 사마리아인에게 전 세계 디아스포라 유대인과 동등한 대우를 해주는 법이 통과된 바 있다. 이스라엘 정부는 매년 사마리아 유월절 행사를 위해 40여 마리의 어린 양과 행사 경비로 만 불 정도의 지원금을 지불하고 있다.

• 양을 굽는 모습

구전율법은 제사장과 레위인의 행동을 어떻게 정죄할까?

구전율법에 대한 바리새파와 사두개파의 상반된 관점

사두개파는 토라(모세오경)에 기록된 613개의 성문율법만 인정했고,
평민 출신의 랍비들이 임의로 규정한 구전율법은 전혀 인정하지 않았다.
반면 바리새파는 성문율법과 함께 그때까지 광범위하게 전해 내려온 구전율법에도
성문율법과 동등한 권위를 부여했다.

예수님이 사역하시던 1세기 이스라엘 사회는 종교와 정치가 하나로 통합된 제정일치 사회였다. 이들에게 종교 권력은 곧 정치 권력을 의미했는데, 주후 70년 성전 멸망을 앞둔 2차 성전시대 말기(주전 1세기~주후 70년) 이스라엘에서는 바리새파와 사두개파로 불린 두 개의 세력이 여당과 야당을 오가며 팽팽한 힘겨루기를 했다.

'성전 봉사'에 최고의 가치를 둔 사두개파와 '율법 연구와 준수'에 최고의 가치를 둔 바리새파는 1세기 이스라엘 사회를 대표하는 거대한 두 종교(정치) 세력이었다. 사두개파는 성전에서 봉사하는 제사장과 레위인을 중심으로 한 소수의 사제 귀족들이, 바리새파는 출생과 재력 등 모든 면에서 내세울 게 없어서 오직 율법 연구에만 올인함으로써 승부수를 띄운 다수의 평민들이 그 구성원이었다.

예수님께 찾아와 '영생'을 주제로 토론을 벌인 율법사도 계파로 따진다면 바리새파에 속한다고 볼 수 있다. 이처럼 바리새파와 사두개파는 신앙 색깔뿐 아니라 출신 성분에서도 도저히 섞일 수 없는 '물과 기름'과 같은 종파였다.

현대의 성경 독자들이 '선한 사마리아인의 비유' 속에 담긴 심오한 뉘앙스를 이해하기 위해서는 유대인–사마리아인의 갈등과 함께 1세기 이스라엘 사회를 대표하던 바리새파–사두개파의 경쟁에 대해 알아야 한다. 두 종파 간의 물고 물리는 권력 싸움과 라이벌 의식, 더 나아가 성경 해석에 있어서 두 종파가 보인 극단적인 차이점이, 어떻게 보면 '선한 사마리아인의 비유'를 이해하기 위한 숨겨진 핵심이 될 수 있기 때문이다.

'바리새파'와 '사두개파'라는 종파는 사복음서에 자주 등장하기 때문에 언뜻 익숙하게 들릴는지도 모르겠다. 하지만 '말라기'로 끝나 '마태복음'이 시작되기까지의 역사, 즉 '신구약 중간사'에 대해 별도의 공부를 하지 않은 평신도들은 두 종파의 생성 기원과 성전이 무너진 주후 70년까지 두 종파가 벌이던 권력 투쟁에 대해서는 듣지 못했을 것이다.

바리새파와 사두개파와 관련된 이야기는 단지 '선한 사마리아인의 비유'뿐 아니라 신약성경 전체의 배경이 된다. 한 가지 예를 들어 보자. 사도 바울은 예루살렘 산헤드린 재판정에 섰을 때 두 종파 간의 라이벌 의식과 갈등 상황을 역으로 이용해 사면초가의 상황에서 벗어나는 지략을 보였다.

> "바울이 그중 일부는 사두개인이요 다른 일부는 바리새인인 줄 알고 공회에서 외쳐 이르되 여러분 형제들아 나는 바리새인이요 또 바리새인의 아들이라 죽은 자의 소망 곧 부활로 말미암아 내가 심문을 받노라 그 말을 한즉 바리새인과 사두개인 사이에 다툼이 생겨 무리가 나누어지니 이는 사두개인은 부활도 없고 천사도 없고 영도 없다 하고 바리새인은 다 있다 함이라 크게 떠들새 바리새인 편에서 몇 서기관이 일어나 다투어 이르되 우리가 이 사람을 보니 악한 것이 없도다 혹 영이나 혹 천사가 그에게 말하였으면 어찌 하겠느냐 하여 큰 분쟁이 생기니 천부장은 바울이 그들에게 찢겨질까 하여 군인을 명하여 내려가 무리 가운데서 빼앗아 가지고 영내로 들어가라 하니라"(행 23:6-10).

이번 장에서는 신약성경을 이해하는 데 중요한 배경이 되는 두 종교 정당,

열린다 비유
선한 사마리아인 이야기

즉 바리새파와 사두개파의 생성 기원과 이들이 보인 권력 투쟁, 아울러 '장로들의 전통(유전)'으로 알려진 '구전율법'을 놓고 두 종파가 보인 극명한 차이점을 중심으로 살펴보고자 한다. 이 '구전율법'을 바라보는 두 계파 간의 차이점이 '선한 사마리아인의 비유'를 이해하는 데 또 다른 중요한 핵심이 될 수 있기 때문이다.

바리새파와 사두개파의 등장

　주후 1세기를 배경으로 하는 복음서에 종종 등장하는 바리새파와 사두개파의 기원은 주전 2세기까지로 거슬러 올라간다. 주전 2세기는 말라기 이후의 신구약 중간사에서 중요한 분기점에 해당하는 시기다. 즉 주전 586년 바벨론에 의해 남유다가 멸망하면서 사라진 이스라엘 독립 왕조가 이즈음 다시 등장했기 때문이다. 마카베오 왕조로 불리는 새로운 독립 왕조는 이스라엘을 종교적으로 탄압한 시리아(셀레우쿠스)의 안티오쿠스 4세에 대항하는 마카베오 혁명(주전 167~164년)의 여세를 몰아 탄생했다.

　모세의 율법에 철저히 순종하는 '경건주의자'를 뜻하는 '하시딤'(חסידים)이 바리새파와 사두개파로 알려진 두 종파의 공통된 출발점이다. '시리아'라고 하는 공통된 외부의 적이 있을 때는 두 종파의 소소한 차이들이 부각되지 않았지만, 혁명에 승리한 후 혁명을 이끈 마카베오 제사장 가문을 왕으로 옹립하고 독립 왕조가 열리자 억눌린 문제들이 폭발했다. 겉으로는 '모세오경(율법)을 실제 생활에 어떻게 적용할 것인가'라고 하는 신학적, 교리적인 문제로 포장되었지만, 그 알맹이를 파헤쳐 보면 수세기 만에 등장한 이스라엘 독립 왕조 내에서 최고 권력을 차지하려는 정치적인 문제와 복잡하게 얽혀 있다.

바리새파와 사두개파의 불꽃 튀는 헤게모니 쟁탈전

마카베오 왕조의 통치 기간은 바리새파와 사두개파가 최고의 권력을 놓고 벌인 불꽃 튀는 헤게모니 쟁탈전으로 점철되어 있다. 대체로 왕조의 초기에는 사두개파가, 후기로 넘어가면서는 바리새파가 세력을 잡게 된다. 왕조의 초기에 바리새파는 재야에서 마카베오 왕조를 비판하는 세력으로 강한 영향력을 발휘했다. 바리새파는 마카베오 왕조의 왕들이 '왕과 대제사장의 직분을 겸직'한 것을 집중적으로 비난했다.

히르카누스(주전 134~104년)

바리새파를 자처한 히르카누스는 자신의 이름을 새긴 동전을 주조하고 다윗 왕의 무덤을 파헤쳐 3,000달란트의 은을 갈취한 것으로 인해 바리새파의 불신임을 받는다. 격분한 그는 사두개파로 계파를 바꾸고 노골적으로 사두개파를 중용하는 정책을 폈다.

아리스토불루스(주전 104~103년)

1년의 짧은 통치 기간이지만 사두개파 중용 정책을 이어 갔다.

얀네우스(주전 103~76년)

폭력을 휘두른 전제군주로서 외국 용병을 고용해 다윗 왕 때 수준으로 왕국의 영토를 확장했다. 그의 강력한 사두개파 옹호 정책으로 인해 결국 재위 중 바리새파와 사두개파 간의 내전으로 발전했다. 내전을 진압한 그는 바리새파 지도자 800명을 훗날 예수님이 십자가에 못 박혀 죽으실 골고다 언덕에서 십자가형으로 처형했다.

알렉산드라(주전 76~67년)

원래 아리스토불루스의 미망인이던 알렉산드라는 남편이 왕이 된 지 1년 만에 죽자 시동생인 얀네우스와 결혼해 그를 왕으로 세웠다. 하지만 얀네우스마저 죽자 결국 자신이 왕이 되는데, 마카베오 왕조의 왕들 가운데 가장 유능한 지도자였다. 바리새파 랍비인 오빠의 강력한 충고를 받아들여 바리새파의 복권을 추진했고, 이로 인해 그녀의 통치 기간은 바리새파의 득세 기간으로 알려져 있다.

히르카누스 2세 & 아리스토불루스 2세(주전 67~63년)

알렉산드라의 장남 히르카누스 2세는 바리새파를, 차남 아리스토불루스 2세는 사두개파를 지지했다. 각 종파를 등에 업은 두 왕자의 난이 4년간 이어지면서 마카베오 왕조는 주전 63년 로마 장군 폼페이우스에게 멸망당하고 만다.

주전 63년 폼페이우스에게 예루살렘이 함락되면서 이스라엘은 짧은 독립 왕조(주전 164~63년)를 끝내고 '유대'로 불리는 로마의 속국으로 전락했다. 폼페이우스는 안티파테르를 유대의 총독으로 세웠는데 그가 바로 이후에 등장할 헤롯 대왕의 아버지다.

헤롯 대왕의 통치기(주전 37~4년)와 그의 세 아들인 헤롯 아켈라우스(주전 4~주후 6년), 헤롯 안티파스(주전 4~주후 39년), 헤롯 빌립(주전 4~주후 34년)이 다스리던 시기는 바리새파와 사두개파의 헤게모니 쟁탈전이 수면 밑으로 들어가 암투의 양상을 띠면서 지속적으로 전개된다.

구전율법에 대한 두 계파의 태도

구전율법은 사복음서에 '장로들의 전통'으로 번역되어 있다. 사복음서에는 아래와 같이 세 차례 '장로들의 전통'에 대해 언급하고 있다.

"당신의 제자들이 어찌하여 장로들의 전통을 범하나이까 떡 먹을 때에 손을 씻지 아니하나이다"(마 15:2).

"바리새인들과 모든 유대인들은 장로들의 전통을 지키어 손을 잘 씻지 않고서는 음식을 먹지 아니하며"(막 7:3).

"이에 바리새인들과 서기관들이 예수께 묻되 어찌하여 당신의 제자들은 장로들의 전통을 준행하지 아니하고 부정한 손으로 떡을 먹나이까"(막 7:5).

현대의 성경 독자들은 '장로들의 전통'을 빌미 삼아 바리새인들과 예수님 간에 벌어졌던 수차례의 논쟁으로 인해 장로들의 전통(구전율법)에 대해 부정적인 시각이 많은 것 같다. 하지만 '구전율법'(Oral Torah)의 원래 취지는 모세오경에 기록된 613개의 '성문율법'(Written Torah)을 실생활에서 어떻게 하면 구체적으로 적용하고 실천할 것인가를 놓고 당시의 쟁쟁한 랍비들이 자신들의 의견을 밝힌 것에서 출발했다.

예를 들어 성문율법은 '안식일에 일하지 말라'고 규정하고 있다.

"일곱째 날은 네 하나님 여호와의 안식일인즉 너나 네 아들이나 네 딸이나 네 남종이나 네 여종이나 네 가축이나 네 문안에 머무는 객이라도 아무 일도 하지 말라"(출 20:10).

하지만 이 율법을 실천하고 적용하기 위해 고민하는 사람들에게는 '과연 일의 범위를 어디까지로 한정해야 하는가?'의 문제가 자연스럽게 대두된다. 그래서 바리새파 랍비들은 안식일에 해서는 안 되는 일의 범주를 39가지로 세세하게 규정했다. 이처럼 성문율법에 기록된 613개의 율법을 실생활에서 철저하게 순종하기 위한 선한 목적에서 출발한 것이 구전율법이다.

구전율법이 탄생하게 된 본래의 취지가 선했다고 해서 모든 문제가 해결되는 것은 아니다. 구전율법을 인정하게 되면 자연스럽게 다음 단계의 문제가 불거지게 된다. 그것은 율법을 해석할 수 있는 권세가 과연 누구에게 있느냐는 문제였다. 사두개파는 신명기 17장 8–9절 말씀에 기초해 율법을 해석하고 적용할 수 있는 권세는 자신들, 곧 제사장에게만 있다고 주장했다.

> "네 성중에서 서로 피를 흘렸거나 다투었거나 구타하였거나 서로 간에 고소하여 네가 판결하기 어려운 일이 생기거든 너는 일어나 네 하나님 여호와께서 택하실 곳으로 올라가서 레위 사람 제사장과 당시 재판장에게 나아가서 물으라 그리하면 그들이 어떻게 판결할지를 네게 가르치리니"
> (신 17:8–9).

반면 당시 사두개파와 자웅을 겨루던 바리새파의 생각은 달랐다. 바리새파는, 토라(모세오경)는 제사장들만의 전유물이 아니라 모든 이스라엘 회중에게 주어진 것이므로 그것을 해석할 수 있는 능력 역시 모든 이스라엘 사람들에게 개방되어 있다고 주장했다. 당시 청중들이 바리새파에게 압도적인 지지를 보낸 것도 그들이 제사장으로 대표되는 소수의 사제 귀족들과 맞서 싸우면서 압도적다수를 차지한 평민들의 권리를 대표하는 세력으로 인식했기 때문이다.

1세기 이스라엘 사회에서 바리새파와 사두개파는 구전율법의 권위를 놓고

열린다 비유
선한 사마리아인 이야기

이처럼 극단적인 대조를 보였다. 사두개파는 토라(모세오경)에 기록된 613개의 성문율법만 인정했고, 평민 출신의 랍비들이 임의로 규정한 구전율법은 전혀 인정하지 않았다. 반면 바리새파는 성문율법과 함께 그때까지 광범위하게 전해 내려온 구전율법에도 성문율법과 동등한 권위를 부여했다.

구전율법에 대한 두 계파 간의 시각 차이로 인해 사두개파는 모세오경의 율법 조항 하나하나에 대한 '문자적' 해석에 집착한 반면, 바리새파는 율법을 실제 생활에 적용하기 위해 보다 '융통성 있게' 해석하는 경향을 보였다.

구전율법의 최고 강령은?

현대의 성경 독자들이 구전율법에 대해 갖는 부정적인 시각을 잠시 뒤로하고, 우리는 '선한 사마리아인의 비유' 속에 숨어 있는 핵심을 이해하기 위해 구전율법의 최고 강령이 무엇인가를 알 필요가 있다. 그것은 생사(生死)의 촌각을 다투는 위급 상황에서는 그 사람의 생명을 살리는 것이 모세오경에 기록된 613개의 성문율법을 문자 그대로 지키는 것보다 우선한다는 사상이다. 이것은 히브리어로 '피쿠아흐 네페쉬'(פיקוח נפש)라고 하는데 우리말로는 '생명 보존과 유지의 원칙'이라고 한다.

구전율법의 이러한 강령은 현대 이스라엘의 대속죄일에도 잘 드러난다. 이스라엘의 절기 가운데 최고요 가장 거룩한 날인 대속죄일에는 이스라엘 전역에서 차량의 운행이 금지된다. 매주 안식일마다 종교적인 유대인들은 차량 운행을 하지 않지만 대속죄일 하루만큼은 세속적인 유대인, 심지어 이스라엘에 거주하는 모든 외국인까지도 이 규정을 철저히 지켜야 한다. 하지만 이런 절대적인 규정에도 유일한 예외가 있다. 거룩한 대속죄일에도 응급환자를 실어 나르는 앰뷸런스의 운행만큼은 허용된다.

구전율법에서 볼 때 제사장과 레위인의 행동은 무엇이 문제일까?

'선한 사마리아인의 비유'에 등장하는 세 명의 주인공 중 제사장과 레위인은 모두 구전율법을 인정하지 않는 사두개파 진영에 서 있는 대표주자들이다. 성전의 희생제사를 섬기는 사두개파 사람들에게 최고의 관심사는 제의적인 정결법이었다.

이들은 성전 봉사자로서 자신들의 위치와 신분을 내세워 이런 식으로 변명했을 것이다.

"나는 그 여행객이 이미 죽었다고 판단했기 때문에 시체와의 접촉을 피하기 위해 어쩔 수 없이 피해 갈 수밖에 없었다."

아니면 이렇게 변명했을 수도 있다.

"설령 이미 죽은 상태가 아니라 해도 부상 정도가 너무 심해 머지않아 숨이 끊어질 거야. 손을 쓰기에는 너무 늦었고 내가 할 수 있는 일이라곤 아무것도 없었어."

하지만 구전율법은 강도 만나 거의 죽게 된 여행객을 못 본 체하고 지나간

열린다 비유
선한 사마리아인 이야기

제사장과 레위인의 행동을 어떻게 판결하고 정죄할까? 결론부터 말하자면 이들의 행동은 여행객이 이미 죽었든지 혹 죽기 직전이든지, 어떠한 경우에라도 변명의 여지가 없으며 충분히 정죄 받을 만하다는 것이다.

각각의 경우에 구전율법이 요구하는 행동 강령은 무엇인지 살펴보도록 하자.

첫째, 여행객이 이미 죽었다면 어떻게 해야 하는가?

구전율법은 살아 있는 자가 죽은 자에게 해야 할 의무를 다음과 같이 규정하고 있다.

> "아무 유가족도 없이 죽은 사람의 경우에는 이 시체를 최초로 발견한 사람이 이 고인에 대한 마지막 친절을 베풀어 주어야 한다"(b. Naz. 47b).

이것은 죽은 자에 대한 의무, 히브리어로는 '메트 미쯔바'(מת מצוה)라고 하는 유명한 강령이다. 구전율법에서 요구하는 메트 미쯔바는 시체와의 접촉을 엄격히 금해야 하는 대제사장과 나실인에게도 예외 없이 적용되었다.

> "제사장과 나실인은 그들의 친척들을 위해서는 부정해질 수 없지만 길에서 만난 버려진 시체를 위해서는 기꺼이 부정해질 수 있다"(b. Yoma 85a).

하지만 모세오경에 기록된 성문율법을 문자 그대로 해석하는 사두개파의 입장에서는 동일한 상황에서 행동하는 강령이 달라진다. 사두개파 입장에서 본다면 제사장은 어떠한 경우를 막론하고 시체와의 접촉이 금지된다. 대제사장은 심지어 자신의 부모가 죽더라도 장례식 참여조차 금지된다.

> "어떤 시체에든지 가까이하지 말지니 그의 부모로 말미암아서도 더러워지게 하지 말며"(레 21:11).

둘째, 여행객이 아직 죽지 않았다면 어떻게 해야 하는가?

강도를 만나 길거리에 버려진 여행객의 상태를 우리말 성경은 '거의 죽은 것'(half dead)으로 번역하고 있다. 이것은 히브리어로 '고세스'(גוסס)라고 하는데, 현대적 의미로는 법의학과 관련된 전문용어에 해당한다. 오늘날 표현 가운데 굳이 비슷한 단어를 찾는다면 '뇌사 상태의 환자' 또는 '호스피스의 간호를 받고 있는 임종을 앞둔 환자'쯤 될 것이다.

꼭 살려야 돼!

지직

당시의 의료 수준에서는 '고세스' 상태의 환자는 대부분 머지않은 시간에 죽었다고 한다(b.Git.28a). 이런 의료 현실을 감안할 때 강도를 만나 거의 죽게 된 여행객이 곧 죽을 것이기 때문에 손을 쓰기에는 너무 늦었다는 제사장과 레위인의 핑계도 일리가 있어 보인다. 하지만 구전율법은 이러한 고세스 상태의 환자에 대한 의무를 다음과 같이 분명하게 규정하고 있다.

"고세스, 즉 죽어 가는 사람은 모든 면에서 살아 있는 사람처럼 다루어야 하고 그의 생명을 살리기 위해 모든 수단이 강구되어야 한다"

(m. Semachot 1:1).

빼도 박도 못하게 된 제사장과 레위인

구전율법을 기준으로 본다면 제사장과 레위인은 어떤 경우라도 빼도 박도 못하는 상황이 된다. 구전율법은 강도 만나 거의 죽게 된 여행객을 보았을 때 그 누구를 막론하고 일단 가던 길을 멈추고 그의 상태를 살피라고 명령하고 있다. 그 여행객이 죽었다면 '메트 미쯔바' 의무에 따라 버려진 시체의 장례를 치러 주어야 했고, 죽지 않았다면 '고세스' 의무에 따라 생명을 살리기 위해 자신이 할 수 있는 최선의 응급처치를 해야 했다.

종종 구전율법의 깊은 의미가 현대의 성경 독자들에게 오해되곤 한다. 하지만 구전율법의 최고 강령은, 만약 어떤 사람의 생명을 연장하거나 구할 수만 있다면 모세오경에 기록된 개개의 성문율법은 파기될 수 있다는 것이다. 삶과 죽음의 경계에 처한 응급 상황에서 율법의 문자적 의미들은 과감히 파기될 수 있다는 것인데, 이것은 당시 랍비들이 율법의 근본정신이 사람의 생명을 살리는 데 있음을 통찰했기 때문에 나온 것이다.

바리새파 출신이 다수를 차지한 율법학자단에도 소수이긴 하지만 제사장 가문의 사두개파들이 가담했다. 그 대표적인 사람이 주후 70년 성전 파괴 전후에 활동하던 제사장 사독이다. 사독은 죽어 가는 생명을 살리는 것보다 정결법 규례를 준수하는 데 더 집착한 당시의 제사장들을 비판한 것으로 유명하다.

현대 이스라엘에는 예수님 시대에 존재하던 다양한 종파들이 모두 사라지고 바리새파만이 간신히 명맥을 유지해 '랍비 유대교'의 형태로 남아 있다. 구전율법을 집대성한 미쉬나와 탈무드의 권위를 구약성경만큼 신뢰하는 현대의 유대인들은 종종 외부의 기독교인들에게 고리타분한 율법주의자로 터부시될 때가 많다. 유대인들과 접하며 이스라엘에서 살아가는 나도 이런 생각은 남들과 별반 다르지 않았다. 그래서 더 율법에 대한 유대인들의 융통성 있는 태도로 인해 신선한 충격을 받은 적이 있다.

2002년 월드컵, 한국과 이탈리아의 8강전이 열리던 날이었다. 아내와 아이들은 독일에 사는 처제의 결혼식 참석을 위해 떠났고 나는 홀로 이스라엘을 지키고 있었다. 바로 그때 브엘세바에 있는 어느 환자의 가족으로부터 전화가 왔다. 용건인즉슨, 교통사고로 인해 몇 년째 식물인간 상태로 누워 있는 자신의 동생을 치료해 줄 수 있냐는 것이었다.

나의 연락처는 이스라엘 내 한국대사관을 통해 알아냈다고 했다. 참으로 난감했다. 쉽지 않은 환자를 선뜻 고쳐 보겠다고 나서는 것도 용기가 필요했지만, 한국과는 전혀 다른 타국 땅 이스라엘이라는 상황이 나를 더 움츠러들게 만들었다. 하지만 기도하는 가운데 환자 가족의 다급한 요청에 응하기로 했다. 최선을 다하면 하나님께서 은혜를 주시지 않을까 하는 기대를 안고 환자 측에서 보내 온 택시에 올라탔다. 예루살렘에서 브엘세바까지는 택시로 1시간 30분가량 걸리는데 그리 크지 않은 이스라엘에서는 꽤나 먼 거리다.

나는 암과 같은 각종 난치병 환자에게 간혹 효과를 발휘하는 쑥뜸 요법을

써 보기로 했다. 지금은 작고한 명의(名醫)인 인산 김일훈 옹이 개발한 방법이다. 하루에 최소 10시간 이상의 강뜸을 뜨는 것인데, 나는 이 방법으로 10일을 투자해 100시간의 뜸을 뜨고자 마음먹었다.

막상 치료를 시작하려 하자 뜻하지 않은 장애물이 가로막았다. 유대교에 열심인 환자의 가족이 10일간 치료하는 것은 좋지만 안식일에는 치료를 멈추어 달라고 요청한 것이다. 쑥뜸 치료는 라이터를 이용해 수시로 쑥뜸 위에 불을 붙여야 하는데, 이것이 "안식일에는 너희의 모든 처소에서 불도 피우지 말지니라"(출 35:3)는 안식일 계명에 위배되기 때문이었다. 10일간의 집중 치료에서 하루를 쉬는 것은 좋지 않기 때문에 나는 "그렇게 할 수 없다"고 대답했다.

이들은 고민하다가 자신들이 소속된 회당의 랍비에게 자문을 구해 보겠다고 했다. 랍비는 나의 예상과 전혀 다른, 약간은 충격적인 판정을 내리며 환자의 안식일 치료를 허락했다. 랍비는 안식일에 불을 피우는 것은 금지되어 있지만 이번 경우는 생명을 살리기 위한 목적이기 때문에 충분히 예외가 될 수 있다고 해석한 것이었다.

우여곡절 끝에 치료가 시작되었다. 이쯤 되면 독자들은 이 환자가 치료 후에 어떻게 되었을까 하는 궁금증이 생길 것이다. 과연 하나님께서 이 환자에게 특별한 은혜를 베푸셨을까? 한국에서 날아온 크리스천 한의사가 교통사고로 드러누운 식물인간 상태의 유대인 환자를 일으켜 세웠을까?

하지만 안타깝게도 치료는 3일째 접어들면서 예기치 못한 이유로 인해 강제로 중단될 수밖에 없었다. 환자는 병원에 입원해 있는 상태였고 만약의 경우를 대비해 병원장의 허락을 받아 치료를 시작했는데, 쑥뜸 치료 현장을 지켜본

열린다 비유
선한 사마리아인 이야기

어느 간호사의 결사 반대가 빌미가 되었다. 쑥뜸으로 피부를 직접 태우는 현장을 목격한 유대인 간호사는 기겁을 하면서 당장 화상 치료를 해야 한다며 담당 의사를 부추겼고, 결국 치료 중단으로 이어진 것이다.

이것은 물론 환자의 치료 후기를 기록하려는 목적이 아니다. 오늘날 유대교 랍비들이 외부의 기독교인들이 생각하듯 그렇게 고리타분하고 틀에 박힌 사고를 하는 율법주의자들이 아님을 경험으로 알게 된 작은 에피소드를 나누기 위함이다. 이것이 바로 구전율법에서 최우선시하는 '생명 보존과 유지'의 원칙이 아닌가 싶다.

사마리아인이 왜 영웅으로 등장했을까?

사마리아인이 보여 준 초월적인 사랑

예수님은 청중들과 율법사의 기대에서 완전히 벗어나는 전혀 의외의 인물을 드라마 3부,
즉 최종회의 주인공으로 등장시킨다. 바로 유대인들이 그토록 혐오하는 사마리아인이다.
이로써 예수님은 사두개파, 바리새파, 더 나아가 다수의 평민들,
즉 동시대 이스라엘 사회의 구성원 모두를 자신의 적으로 돌려세우고 말았다.

'선한 사마리아인의 비유'는 강도를 만나 거의 죽게 된 여행객을 놓고 숨 가쁘게 펼쳐지는 옴니버스 식 드라마 형태를 띠고 있다. 비록 짧지만 3부작 미니시리즈에 해당한다고 볼 수 있다.

'처음에 제사장이 지나가고 연이어 레위인이 지나가고…'

제사장은 강도 만나 거의 죽게 된 여행객을 힐끗 한 번 쳐다보고는 모른 체 그냥 지나친다. 스토리텔러이신 예수님은 청중들이 제사장이 보인 행동에 대해 생각할 수 있는 잠깐의 여유도 주지 않고 곧바로 다음 캐릭터인 레위인을 등장시킨다. 레위인의 행동도 앞서 지나간 제사장과 별반 다를 바가 없다.

예수님은 제사장과 레위인이 '왜 그냥 지나쳤는지'에 대한 이유나 변명을 구차하게 늘어놓지 않는다. 생사의 기로에 선 무명의 여행객을 못 본 체하고 지나친 이들의 비인간적인 행동을 신랄하게 비난하거나 정죄하지도 않는다.

예수님은 '이들이 왜 이런 행동을 보였는가?' 하는 동기에 대해서는 전혀 관심을 보이지 않는다. 그저 그들이 보인 외적인 행동만 간략히 묘사하고 넘어갈 뿐이다.

예수님이 간단히 처리했다고 해서 우리도 간단히 넘어갈 수 없는 것이 비유를 접하는 현대 성경 독자들의 고민이다. '선한 사마리아인의 비유'를 이해하기 위한 중요한 포인트는 비유에서 굳이 언급하지 않고 빠르게 넘어가는 부분에 주목하는 일이다. 비유에 등장한 세 명의 서로 다른 캐릭터(제사장, 레위인, 사마리아인)에 대한 배경적 지식이 이 비유를 제대로 이해하기 위한 지름길이기 때문이다. 지금까지 우리는 비유가 말하지 않은 부분에 대해 주목했고 충분히 고찰해 보았다.

드디어 사마리아인이 등장했다. 이 사마리아인의 등장과 함께 스토리 전개는 일종의 전환점을 맞는다. 스토리의 전개 속도가 눈에 띄게 느려진 것이다. 즉 두 사람(제사장과 레위인)의 소극적인 반응에 대한 간략한 묘사와 한 사람(사마리아인)의 적극적인 반응에 대한 상세한 묘사는 수사학적 기교로서 듣는 청중들에게 미묘한 메시지를 전달했을 것이다.

'선한 사마리아인의 비유'는 그 비유의 제목처럼 사마리아인이 보여 준 행동과 이러한 행동을 낳게 한 동기에 대해 구체적으로 묘사하고 있다. 앞서 등장한 제사장과 레위인은 진정한 영웅이요 주인공인 사마리아인을 빛내 주기 위해 등장한 초라한 조연에 불과한 것이다.

> "어떤 사마리아 사람은 여행하는 중 거기 이르러 그를 보고 불쌍히 여겨 가까이 가서 기름과 포도주를 그 상처에 붓고 싸매고 자기 짐승에 태워 주막으로 데리고 가서 돌보아 주니라 그 이튿날 그가 주막 주인에게 데나리온 둘을 내어 주며 이르되 이 사람을 돌보아 주라 비용이 더 들면 내가 돌아올 때에 갚으리라 하였으니"(눅 10:33-35).

사마리아인은 강도 만난 자를 보자마자 그를 불쌍히 여겼다. 예수님은 사마리아인이 이후에 보여 준 믿기지 않는 행동들의 깊은 동기가 바로 '동정심'이라고 분명히 밝히고 있다. 그리고 사마리아인의 행동거지 하나하나를 마치 기자가 사건을 취재하듯 또렷하고 구체적으로 기술하고 있다.

이번 장에서는 우리에게 이미 익숙할지 모르는 사마리아인의 행동 하나하나

열린다 비유
선한 사마리아인 이야기

를 마치 스토리텔러이신 예수님이 그러셨던 것처럼 기자의 눈으로 심층 취재하고자 한다. 사마리아인은 과연 어떤 사랑을 보여 주었을까? 그가 이런 행동을 하기 위해 치러야 할 대가와 희생은 과연 어떤 것이었을까?

청중들의 기대가 무참히 깨지다

제사장과 레위인의 처참한 실패를 보는 청중들은 무슨 생각을 했을까? 청중들의 대다수는 평민들이었다. 고대 사회는 현대인들이 생각하는 것 이상으로 극단적인 계층 구조를 이루었고, 그 계층 구조는 모두에게 잘 알려져 있었다. 당시 랍비 문헌은 우리가 예상할 수 있는 삼각 구조의 사회 계층을 잘 보여 주고 있다.

> "제사장은 레위인보다 높고, 레위인은 평범한 이스라엘보다 높고…"
> (m. Horayot 3:8).

비유를 듣던 청중들의 대다수는 억눌리고 핍박 받는 민초들이었을 것이다. 이들은 강도 만나 길거리에 버려진 여행객을 보면서 '동병상련'의 감정을 느꼈을 것이고 개중에는 눈물을 흘리는 사람도 있었을 것이다.

성서시대 이스라엘 사회에서 제사장과 레위인은 모든 면에서 이스라엘 사람들(평민)이 우러러보면서 배우고 본받아야 할 롤모델들이다. 그러나 이들은 여

지없이 실패했다. 동서고금을 막론하고 늘 지배층에게 이용당하며 억눌려 살던 민초들로서는 이들의 실패는 묘한 통쾌감을 선사했을지도 모른다. 어쩌면 단순한 통쾌감을 넘어 성직자 귀족층을 향해 입에 담을 수 없는 쓴소리를 뱉었을 수도 있다.

"늘 입만 번지르르하고 행동은 뒤따르지 않는 위선자들 같으니라고⋯ 하기는 이것이 제 밥그릇만 챙기는 사제들의 본 모습이 아니던가!"

1세기 당시 사제 귀족층으로서 부와 권력을 독식하던 제사장들, 그리고 그들에게 빌붙어 살던 조수 그룹인 레위인들! 1세기 이스라엘 사회 연구가들은 이 시기에 이스라엘 사람들(평민) 사이에서 반성직주의(anticlericalism)가 만연했음을 공통적으로 말하고 있다.

반기독교 정서가 팽배한 오늘날 한국 사회에서도 이런 상황은 전혀 생소하지 않다. 목사나 장로가 결부된 사회적 비리는 그것이 비중이 크건 작건 간에 언론에 의해 늘 대서특필되고 있기 때문이다.

강도 만난 여행객의 입장에 선 대다수의 청중들은 제사장과 레위인의 처참한 실패에 분노했고, 비록 소수이긴 하지만 제사장 지지 세력은 머쓱했을 것이다. 이것이 예수님 당시 이스라엘 사회에 만연하던 두 그룹, 즉 가진 자와 못 가진 자 간의 긴장이었다. 하지만 이러한 긴장은 다음에 등장할 사마리아인으로 인해 초래될 가장 폭발력 있는 긴장을 위한 워밍업에 불과했다.

비유를 듣던 1세기 유대인 청중들은 다음번 타자로 내심 누구를 기대했을까? 제사장, 레위인과 같은 성직자 그룹이 실패했다면 당연히 자신들과 같은 다수의 민초들 중에서 진정한 영웅이 등장하지 않을까 내심 기대했을 것이다.

예수님도 이러한 청중들의 기대를 모르지 않았을 것이다.

만약 예수님이 드라마 3부의 주인공으로 평민을 등장시키셨다면 어떠했을까? 비유를 듣던 모든 청중들은 10년 묵은 체증이 내려가는 듯한 카타르시스를 느꼈을 것이고, 예수님의 인기는 이내 하늘을 찔렀을 것이다. 그러나 예수님은 대중의 인기에 연연하는 '대중 설교가'가 아니었다.

드라마를 쓰는 작가들이 빠지기 쉬운 함정은 바로 시청자들의 반응, 즉 '시청률'이다. 시청률의 함정에 빠질 때 드라마는 작가가 처음 의도한 것과 전혀 다른 방향으로 흘러가다가 결국 '막장 드라마'로 치닫게 된다. 이런 유혹적인 상황으로 보건대 청중들의 기대를 완전히 저버리고 전혀 의외의 인물을 등장시키신 예수님은 분명 소신 있는 스토리텔러였다.

율법사의 기대가 무참히 깨지다

그렇다면 예수님과 토론을 벌인 당사자인 율법사는 제사장과 레위인의 실패를 보면서 무슨 생각을 했을까? 율법사는 다음번 타자로 누구를 기대했을까? 그는 분명 자신과 같은 바리새파 랍비(율법사)의 출현을 기대했을 것이다. 헤롯 왕조의 출범과 함께 물 밑에서 피 말리는 경쟁을 펼쳐 나가던 바리새파와 사두개파의 상황을 알 때 우리는 율법사의 이런 기대를 충분히 예상할 수 있다. 예수님의 비유에서 제사장과 레위인의 등장과 이들의 실패를 들은 율법사는 나름대로 이런 판단과 기대를 하고 있었을 것이다.

'구전율법을 인정하지 않는 사두개파(제사장과 레위인)의 실패는 당연한 수순이고 귀결이다. 만약 구전율법을 인정하는 바리새파 랍비 중 한 명이 강도 만난 자와 마주쳤다면 그는 틀림없이 다르게 행동했을 것이다. 그는 분명 구전율법의 가르침과 정신에 따라서, 만약 그가 이미 죽었다면 정성껏 장례를 치러 주었을 것이고 아직 죽지 않았다면 최선을 다해 생명을 살리기 위한 응급조치를 취했을 것이다.'

속으로 이런 판단과 기대를 하면서 예수님의 비유를 듣고 있던 율법사는 사두개파의 대표주자인 제사장과 레위인의 실패를 보면서 내심 쾌재를 불렀을 것이다. 그리고 자신이 속한 바리새파 진영의 성서 해석과 신학적 교리가 사두개파의 그것보다 월등히 우월함을 느끼며 뿌듯해 했을 것이다.

만약 이때 예수님이 율법사의 기대처럼 다음번 타자로 바리새파 랍비를 등장시키셨다면 어떠했을까? 모르긴 해도 예수님은 당시 두 개의 거대한 정치세력 가운데 하나인 바리새파를 자신의 확실한 지지 세력으로 끌어들일 수 있었을 것이다. 최소한의 정치 감각이 있는 사람이라면 자신이 부득이하게 두 계파 중 어느 한쪽에 서야 하는 상황에 몰리면 당연히 바리새파 쪽에 서는 것이 훨씬 유리함을 간파했을 것이다.

당시에 대다수 민중들이 사두개파보다는 바리새파를 심정적으로 지지하던 상황에서 바리새파 지지 선언을 한다면 그 배후에 있는 민중들의 표까지도 어부지리로 얻을 수 있기 때문이다. 하지만 예수님은 사람들의 표를 의식해서 자신의 소신과 타협하는 '대중 정치가'가 아니었다.

다이너마이트 같은 폭발력을 지닌 인물 등장

예수님은 청중들과 율법사의 기대에서 완전히 벗어나는 전혀 의외의 인물을 드라마 3부, 즉 최종회의 주인공으로 등장시킨다. 바로 유대인들이 그토록 혐오하는 사마리아인이다. 이로써 예수님은 사두개파, 바리새파, 더 나아가 다수의 평민들, 즉 동시대 이스라엘 사회의 구성원 모두를 자신의 적으로 돌려세우고 말았다. 이것은 웬만한 담대함이 없으면 불가능한 일이다.

다수의 반제사장파와 소수의 친제사장파로 나뉘던 청중들도 공동의 적인 사마리아인의 등장으로 인해 서로 의기투합할 수 있는 계기가 마련되었다. 성직자 그룹의 저항은 노골적인 반란으로 바뀌고 거기에 평민들도 합세한다. 그만큼 최종회의 주인공으로 등장한 사마리아인의 출현은 놀라운 파급력을 발휘한 것이다.

사마리아인의 등장은 율법사를 비롯해 다수의 청중들을 비유의 스토리 속으로 더욱 빨려들게 만드는 강력한 촉매제가 되었을 것이다. 과연 사마리아인은 강도 만나 거의 죽게 된 여행객을 보고 어떤 반응을 보일 것인가?

'사마리아 지방에서 뭐 선한 게 나오겠어? 저 재수 없는 사마리아인도 별 수 없는 속물이겠지!'

청중들은 저마다 속으로 사마리아인을 무시하며 그에게서 별반 선한 행동을 기대하지 않았을 것이다. 오늘날 한국인들이 일본인에 대해 느끼는 민족 감정을 훨씬 능가하는, 당시 유대인들이 사마리아인에 대해 느끼던 민족 감정을 이해할 때 우리의 이런 예상은 전혀 이상할 게 없다. 하지만 예수님의 비유는 사마리아인의 등장과 그가 보인 일련의 믿기지 않는 행동들을 통해 다이너 마이트와 같은 강력한 메시지를 던지고 있다. 심지어 2000년이 지난 지금까지도….

동정심, 원초적인 모성애

그런데 사마리아인은 왜 유대인 구역인 여리고 길에 출현한 것일까? 스토리텔러이신 예수님이 의도한 비현실적인 '깜짝 쇼'에 불과한 걸까? 우리는 이후에 벌어지는 정황을 기초로 나름대로 유추해 볼 수 있다. 유대인과 사마리아인의 관계가 극도로 악화된 1세기에도 두 민족 간의 교역과 거래는 소규모나마 이루어졌을 것이다. 이스라엘과 팔레스타인의 관계가 아무리 험악할 때도 재래시장에는 늘 팔레스타인 제품들이 암묵적으로 돌아다니는 것과 마찬가지다. 겉으로 험악하게 돌아가는 정치와는 별도로 인간은 상호 유익을 위해 경제 활동을 포기하지 않을 만큼 충분히 지혜로운 것 같다.

그는 아마도 여리고 길을 자주 오가던 장사꾼이 아니었나 싶다. 여관 주인도 그를 잘 알고 있었고, 그가 나중에 돌아와 밀린 치료비를 갚겠다고 한 약속도 신뢰했던 것을 보면 더욱 그렇다. 그는 충분한 돈도 있었고 나귀, 포도주, 올리브기름 등을 갖춘 장사꾼이었을 것이다.

그가 만약 두 지역을 수시로 오가는 장사꾼이었다면 앞서 지나간 제사장과 레위인에 비해 그다지 거룩해 보이는 사람은 아닐 것 같다. 거룩한, 아니 거룩

해 보이는 성직자들도 이웃을 돕는 데 실패했는데, 냄새나는^(?) 돈 거래에만 이골이 난 이 장사꾼이 뭐 그리 대단한 선행을 할까 싶기도 하다. 하지만 사마리아인이 강도 만난 자에게 보여 준 행동은 청중들을 놀라게 했고 심지어 공황 상태로 몰아넣기에 충분했다.

사마리아인은 일단 가던 길을 멈추고 길거리에 버려진 여행객을 찬찬히 살펴보았다. 성서시대에는 옷과 말과 악센트가 그 사람의 신원을 확인해 줄 수 있는 유일한 수단이었다. 이런 점에서 사마리아인은 강도를 만나 옷이 발가벗겨진 채 의식불명이 된 여행객의 신원을 확인할 길이 없었다.

하지만 한 가지 분명한 것은 이 일이 예루살렘으로 향하는 유대 지방의 핵심 도로상에서 벌어졌기 때문에 이 사람은 사마리아인보다는 유대인일 가능성이 상당히 높다는 것이다. 비유를 통해 예수님이 전하려는 메시지의 핵심이 원수까지 포함되는 이웃 개념이라고 본다면 강도 만난 정체불명의 여행객은 유대인일 가능성이 높다.

비유 속의 사마리아인은 강도 만난 유대인을 보고 "이 재수 없는 유대인, 완전 깨소금 맛이다!" 하며 여느 사람처럼 민족 감정에 지배되지 않았다.

사마리아인은 오히려 그를 보자마자 자연스럽게 '동정심'(compassion)이 용수철처럼 솟아올랐다. 그를 보고 '불쌍히 여긴' 것이다.

> "어떤 사마리아 사람은 여행하는 중 거기 이르러 그를 보고 불쌍히 여겨"
> (눅 10:33).

'불쌍히 여겼다', 즉 '동정심'에 해당하는 히브리어인 '라하밈'(רחמים)은 '선한 사마리아인의 비유'가 주는 전체적인 메시지와 연결시킬 때 상당히 의미심장한 단어라 할 수 있다. '라하밈'은 '자궁'을 뜻하는 '레헴'(רחם)과 어근을 같이한다. '자궁'과 '동정심'이 히브리어의 같은 어근에서 파생된 단어라는 것이다.

유대인, 사마리아인 등 민족에 상관없이 모든 인류는 어머니의 자궁을 그 탄생의 기원으로 한다. 즉 히브리어에서 '동정심'은 어머니의 자궁, 즉 '원초적인 모성애의 감정'과 연결된다는 것이다. 또한 히브리어에서 동정심은 자궁처럼 우리의 내장 속 가장 깊은 곳에서 솟아나오는 감정이다. 그리고 그러한 감정에는 어떠한 인종적, 민족적, 종교적 차별이나 한계가 있을 수 없다.

동정심은 어려움에 처한 누군가를 만났을 때 자연스럽게 느껴야 할 감정이다. 죄로 인해 타락한 인간은 이기적이 되어 타인에 대한 동정심이 무뎌졌지만, 참된 신앙인은 우리의 무뎌진 동정심을 자극하고 살아나게 해야 한다. 이런 의미에서 제사장과 레위인은 직업적인 '종교인'이었을지는 몰라도 참된 '신앙인'은 아니었음에 분명하다.

사마리아인의 행동, 치유와 회복 사역의 참된 모델

강도 만난 유대인을 보고 동정심을 느낀 사마리아인은 이후 어떤 행동을 취했을까? 그가 느낀 동정심은 천박한 종교인들이 할 수 있는 값싼 동정심이 아니었다. '선한 사마리아인의 비유'의 놀라운 반전은 이 사마리아인이 정확하게 강도가 여행객에게 했던 행동을 반대로 했다는 것이다.

강도의 행동	사마리아인의 행동
1. 옷을 벗기고	1. 자신의 옷을 찢어 붕대 삼아 상처를 싸매고
2. 때리고	2. 맞은 상처에 기름과 포도주를 붓고
3. 길거리에 버리고	3. 여관으로 데려가고
4. 그의 소유물을 훔치고 떠남	4. 여관비와 치료비까지 지불함

사마리아인이 취한 행동을 한마디로 말한다면 '치유와 회복'이다. 참된 신앙인은 강도 만나 길거리에 버려진 세상의 이웃들을 보고 동정심을 느끼고 그 사람을 '치유하고 회복하는 사람'이라고 정의할 수 있다.

저자 누가는 사마리아인이 강도 만난 자에게 취한 응급조치를 소상히 구체적으로 묘사하고 있다.

"가까이 가서 기름과 포도주를 그 상처에 붓고 싸매고"(눅 10:34).

사마리아인의 치료 행위를 기록한 저자 누가의 마음에는 아마도 우리의 상처를 싸매고 치료해 주시는 여호와 하나님이 떠올랐을지도 모른다.

"여호와의 말씀이니라 그들이 쫓겨난 자라 하매 시온을 찾는 자가 없은
즉 내가 너의 상처로부터 새 살이 돋아나게 하여 너를 고쳐 주리라"
(렘 30:17).

"오라 우리가 여호와께로 돌아가자 여호와께서 우리를 찢으셨으나 도로
낫게 하실 것이요 우리를 치셨으나 싸매어 주실 것임이라"(호 6:1).

사마리아인이 사용한 올리브기름과 포도주는 성서시대의 대표적인 응급 치
료약이었다. 올리브기름은 상처를 부드럽게 해주고 포도주는 상처를 소독하
고 살균하는 역할을 한다.

여기서 잊지 말아야 할 사실은 올리브기름과 포도주가 성서시대의 대표적인
응급 치료약이라는 점과 함께 성전 제사에 바쳐진 제물이라는 점이다. 올리브
기름은 매일 아침과 저녁에 번제단에서 드려진 상번제에서 올려졌다. 포도주는
초막절 때 물과 함께 번제단 위에서 부어지는 관제 예식에 사용되었다.

올리브기름과 포도주를 강도 만나 거의 죽게 된 여행객에게 부은 사마리아
인! 저자 누가는 이것을 소상히 기록함으로써 전문 성전 봉사자들인 제사장과
레위인의 실패를 풍자적으로 고발하고 있는 것 같다. 제사장과 레위인은 번제
단에서 드려지는 상번제와 관제에 관한 한 전문가들이다. 전문적이고 직업적
인 봉사자인 이들에게는 까다로운 제사의 순서도 그다지 문제될 것이 없었다.

하지만 이들은 번제단에서 올리브기름과 포도주를 부을 줄 알았지만 삶의
현장에서는 이것을 어떻게 부어야 할 줄 몰랐다. 그것이 이들이 처절하게 실패

한 원인이었다. 반면 사마리아인은 번제단이 아니라 강도 만난 자의 상처에 올리브기름과 포도주를 부음으로써 하나님이 진정 기뻐하시는 거룩한 산제사, 즉 영적 예배를 드린 것이다.

> "그러므로 형제들아 내가 하나님의 모든 자비하심으로 너희를 권하노니 너희 몸을 하나님이 기뻐하시는 거룩한 산 제물로 드리라 이는 너희가 드릴 영적 예배니라"(롬 12:1).

사마리아인과 사두개파는 한통속(?)

사마리아인이 강도 만난 자에게 보여 준 행동은 시대를 초월해 현대의 성경 독자들에게도 잔잔한 감동을 안겨 준다. 하지만 사마리아인이 보여 준 행동은 예수님의 비유를 듣고 있던 청중들에게 훈훈한 감동의 차원을 넘어서 '충격' 그 자체였다. 왜 그럴까? 그것은 사마리아인들도 신앙 노선과 교리적으로 볼 때 두 가지 점에서 바리새파보다는 사두개파에 더 가까웠기 때문이다.

1. 사두개파가 구약성경 중 선지서와 역사서를 제외한 모세오경의 권위만을 인정하듯이 사마리아인도 사마리아 오경의 권위만을 인정했다.
2. 사두개파와 사마리아인은 바리새파가 신뢰하는 구전율법의 권위를 인정하지 않았다.

바리새파 랍비들의 문헌인 미쉬나는 구전율법을 부정하는 사두개인과 사마리아인을 싸잡아서 이렇게 비난하고 있다.

"사두개인의 딸들이 자신의 조상들과 같은 방식으로 살아간다면 사마리아인의 딸들과 같은 운명에 처해질 것이다"(m. Nid 4:2).

이런 상황을 알 때 사마리아인 역시 앞서 등장한 제사장과 레위인을 얽어매던 레위기적인 정결법 규례에서 자유롭지 못했음을 알 수 있다. 예수님의 비유를 듣고 있는 현장에 사두개인(제사장과 레위인)들이 있었다면 정결법 규례와 구전율법의 권위 등을 운운하며 강도 만난 자를 그냥 지나칠 수밖에 없는 자신들의 입장을 구구절절 변명했을 것이다. 예수님과 토론하던 율법사를 포함해 바리새파 진영의 랍비들이 있었다면, 자신들은 강도 만난 자를 구전율법의 강령에 따라 성심 성의껏 도왔을 것이라며 '왜 우리에게는 기회조차 주지 않느냐'면서 아쉬워했을 것이다.

하지만 사마리아인이 자신의 신학 노선과 유대인에 대한 적대감을 극복하고 희생적인 사랑을 보인 것은 모든 가능성 있는 논란과 변명과 아쉬움을 일순간에 잠재워 버린다. 비유 속의 사마리아인은 율법 하나하나의 문자적 의미보다는 율법의 정신을 제대로 통찰한 사람이었다. 그는 참된 진리가 무엇인지 알았고, 교리와 교파에 얽매이지 않는 진리 안에서 진정 자유로운 신앙인이었다.

사마리아인은 이래도 욕먹고 저래도 욕먹는 상황

사마리아인이 강도 만난 여행객에게 보인 선행에는 자신이 속한 종파의 교리적 한계를 뛰어넘은 것 외에도 또 다른 위대성이 숨어 있다. 사마리아인과 유대인의 적대감이 절정에 달하던 1세기 당시의 역사적 사실을 알 때, 사마리아인이 보인 선행은 차후에 어떠한 보답을 받기는커녕, 이래도 욕먹고 저래도 욕먹는 진퇴양난의 위험을 감수한 행위임을 알아야 한다. 왜 그런가?

비유 속의 상황은 예루살렘에서 여리고로 내려가는 길, 즉 유대 광야 한복판에서 발생했다. 사마리아인은 강도 만난 유대인을 자신의 나귀에 태워 여관까지 데리고 왔다. 여관은 분명 강도들의 소굴인 유대 광야의 한복판에 있지 않았을 것이다. 오늘날 유대 광야를 여행하다 보면 '선한 사마리아인의 여인숙'을 만나게 된다. 전 세계 사람들이 다 아는 '선한 사마리아인의 비유'를 연상시켜 관

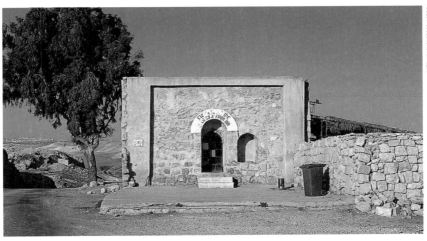

• 선한 사마리아인의 여인숙

광객이 일단 한번 들러 보고 기념품도 사가게 하려는 속셈인 것이다.

고고학 발굴의 결과도 예루살렘과 여리고 사이의 광야 길에 여관이 있었다는 증거는 찾지 못했다. 결국 여관은 예루살렘과 여리고처럼 사람들이 모여 사는 마을에나 들어가야 있었을 것이다.

예루살렘에서 여리고는 하룻길인 27km나 떨어져 있는데, 사마리아인은 강도 만난 유대인을 데리고 여관을 찾아 예루살렘으로 올라가든지 아니면 여리고로 내려가든지 양자택일을 해야 했다. 하지만 문제는 두 도시 모두 사마리아인에게 적대감을 보이는 유대인들의 도시라는 사실이다. 이 상황이 사마리아인의 본 고장인 세겜과 같은 도시에서 발생했다면 전혀 별개의 문제가 된다. 하지만 사마리아인은 지금 적들의 소굴 한복판에서 전혀 예기치 못한 상황과 맞닥뜨렸다.

여기서 우리는 사마리아인이 이후에 처하게 될 두 가지 경우의 수를 생각해 볼 수 있다.

첫째, 강도 만난 유대인이 사마리아인의 호의에도 불구하고 안타깝게 사망했을 경우

이 경우에 벌어질 상황을 유추해 보면 아마도 이러하지 않을까? 유대인 부상자를 나귀에 태우고 사마리아인이 유대인 마을의 여관에 다급히 도착한다. 그런데 나귀에 실린 유대인이 그 순간 숨을 거둔다. 이를 본 유대인들은 누가 먼저랄 것도 없이 사마리아인을 의심의 눈초리로 주시할 것이다.

강도의 인상착의를 아는 사람도 없고 이 사람이 어쩌다가 이 지경까지 되었

열린다 바유
선한 사마리아인 이야기

느지 목격한 증인도 없다. 즉 사마리아인은 자초지종을 설명할 틈도 없이 자칫 모든 누명을 뒤집어쓰게 될지도 몰랐다. 유대인과 사마리아인 간의 적대적인 감정은 사마리아인이 보인 동정심을 오히려 살인으로 몰아갔을 것이고, 결국 사마리아인은 민족적 감정의 희생양이 되었을지도 모른다.

이러한 상황은 현대 이스라엘에서도 비슷하게 재현될 수 있다. 과연 유대인이 팔레스타인 마을 한복판을 지나다가 팔레스타인 응급환자를 발견했다고 해서 그를 싣고 무턱대고 팔레스타인 병원에 찾아갈 수 있을까? 결코 쉽지 않은 행동이다. 이것은 동정과 선행의 차원을 넘어서 자칫 자신의 목숨을 담보로 해야 하는 위험천만한 행동이기 때문이다. 물론 그 반대의 상황도 동일한 결과를 초래한다.

둘째, 강도 만난 유대인이 극진한 치료를 통해 기적적으로 소생했을 경우

두 민족의 적대감을 고려해 볼 때 우리는 기적적으로 살아난 유대인이 자신을 도와준 사마리아인을 생명의 은인으로 여길 가능성은 그다지 높지 않음을 예상할 수 있다. 그는 아마도 자신을 살려 준 생명의 은인이 자신들에게는 불구대천의 원수인 사마리아인이었음을 알고 감당하기 힘든 굴욕감을 느꼈을 것이다. 심한 경우 차라리 도움을 받지 않고 광야에서 깨끗하게 죽는 것이 더 명예로웠을 것이라며, 오히려 구사일생으로 살아난 자신을 탓했을 수도 있다. '명예'를 최고의 가치로 여기던 성서시대의 가치관을 고려할 때 전혀 엉뚱한 상상은 아니다.

사마리아인의 도움으로 살아난 유대인이 만약 제사장이나 레위인이었다면

열린다 비유
선한 사마리아인 이야기

문제는 더욱 복잡해진다. 정결법 규례에 강박적으로 사로잡힌 사두개파 입장에서 볼 때, 사마리아인은 부정한 사마리아산(産) 포도주와 기름으로 이 유대인 환자를 부정하게 만든 매우 위험한 인물이다. 물론 환자가 인사불성 상태였기 때문에 환자에게 사전 동의를 받은 것도 아니다.

이스라엘 지역에서 발굴된 포도주 틀과 올리브기름 틀의 현장에는 많은 경우 근처에서 정결탕이 함께 발견되고 있다. 이것은 유대인들이 철저하게 레위기적 정결법 규례에 따라 포도주와 올리브기름을 생산했기 때문이다. 사두개파에 속한 제사장과 레위인은 당연히 자신들의 기준에 맞는 적법한 포도주와 기름만을 사용했을 것이다.

다시 살아난 유대인이 제사장 또는 레위인이었다면 자신의 허락도 없이 사마리아산 포도주와 기름을 부어 자신을 부정하게 만든 사마리아인에게 엄청 화가 났을 것이다. 이것을 우리 식으로 표현하면 '물에 빠진 사람 구해 냈더니 내 보따리 내노라'는 황당한 상황이 된다. 결국 강도 만난 사람이 살아나든 죽든 사마리아인이 보인 최고의 선행은 그에 합당한 답례나 보상을 받기는커녕 자칫 자신의 목숨을 담보로 해야 하는 위험한 행동인 것이다.

사마리아인이 보인 어리석음의 극치(?)

다행인지 환자를 여관에 데려온 당일에는 위에서 예상한 어떤 상황도 사마리아인에게 발생하지 않았다. 그는 보통 사람이라면 충분히 계산할 수 있는 이런 경우의 수를 염두에 두면서 주판알을 굴리지 않았다. 보통 사람의 눈에는 분명 어리석게 보일 수도 있는 사마리아인의 행동, 그 모든 행동을 초래한 내면의 깊은 동기는 강도 만난 자에 대한 지극한 동정심이었다. 사마리아인이 보여 준 지극한 동정심의 최고 절정은 뭐니뭐니 해도 이튿날에 그가 보여 준 행동에 있다.

> "그 이튿날 그가 주막 주인에게 데나리온 둘을 내어 주며 이르되 이 사람을 돌보아 주라 비용이 더 들면 내가 돌아올 때에 갚으리라 하였으니"
> (눅 10:35).

이튿날 보여 준 사마리아인의 행동은 지나치게 순진하고 때로는 어리석어 보이기까지 한다. 왜 그런가?

환자에 대한 지극한 동정심에도 불구하고 이 사마리아인에게도 급히 해결하지 않으면 안 되는 용무가 있었던 것 같다. 사마리아인은 두 데나리온을 내고 여관 주인에게 이 환자를 잘 돌보아 주도록 부탁한 뒤 급히 떠날 채비를 하고 있다.

당시 여관의 하루 숙박료가 1/12데나리온이었으므로 그가 지불한 2데나리온은 24일치 숙박료에 해당한다. 사마리아인은 떠나면서 24일치 숙박료를 미리 선불로 지불한 것이다. 이것이 단순히 숙박료만 계산된 것인지 아니면 환자를 돌봐 주는 간호 비용까지 포함된 것인지는 알 수 없지만 아무튼 사마리아인으로서는 상당한 거금을 지불한 것이다. 사마리아인이 보인 동정심의 극치, 어떻

198

열린다 비유
선한 사마리아인 이야기

게 보면 어리석음의 극치는 바로 여관 주인에게 한 다음의 약속에 있다.

> "이 사람을 돌보아 주라 비용이 더 들면 내가 돌아올 때에 갚으리라"
> (눅 10:35).

지금 사마리아인은 당장의 치료비는 물론이고 장차 발생할 미래의 비용까지 자신이 모두 떠안겠다고 약속하고 있다. 이 환자는 사마리아인 자신도 처음 본 생면부지의 사람이다. 자신의 친인척도 아닐뿐더러 사마리아인 자신에게는 원수라 해도 틀리지 않은 유대인이다. 물론 의식불명의 이 환자가 나중에 살아난다고 해도 자신이 지불한 금액을 갚을 것이라는 보장은 전혀 없다.

참된 신앙인은 강도 만난 주변의 이웃을 볼 때 동정심을 느끼고 그에 합당한 행동을 취해야 한다. 그렇다면 과연 그 한계는 어디까지일까? 우리는 지하철에서 수시로 만나는 걸인들에게 동전 몇 푼, 때로는 큰맘 먹고 지폐를 쥐어 줌으로써 우리의 동정심을 표현할 수도 있다.

하지만 사마리아인이 보여 준 동정은 아무나 쉽게 할 수 있는 값싼 동정이 아니었다. 사마리아인의 행동을 오늘날의 상황에 최대한 적용시킨다면 다음과 같을 것이다.

어떤 사람이 길을 가다가 생면부지의 응급환자를 만난다. 그는 이 응급환자를 근처에 있는 대학병원 중환자실에 입원시킨다. 이 사람은 당일의 입원비를 치를 뿐 아니라 급한 용무로 인해 떠나면서 이렇게 약속한다. "이 사람을 절대 강제 퇴원시키지 마시오. 만약 치료비가 부족하면 내가 돌아올 때 모두 갚을 테니 성심 성의껏 치료해 주시오."

현대인들이 이런 이야기를 듣는다면 제일 먼저 드는 생각은 아마도 비슷할 것이다.

'중환자실의 하루 입원비가 얼만데…. 정말 대단한 사람이군! 이런 사람이 정말 세상에 있을까?'

이런 약속은 분명 환자가 자신의 가족이라고 하더라도 선뜻 할 수 있는 것이 아니다. 가까운 친척, 더 나아가 가족에게도 쉽게 할 수 없는 그러한 동정을 사마리아인은 그저 강도 만나 죽게 된 생면부지의 사람에게 베풀고 있다. 게다가 사마리아인과는 관계가 껄끄러운 유대인에게 말이다.

오픈 퀘스천을 던지다

사마리아인이 이후에 어떻게 되었는지는 아무도 모른다. 사마리아인이 다 죽어 가는 유대인 환자를 나귀에 태우고 여관에 도착했다는 소식은 온 마을에 삽시간에 퍼졌을 것이다. 이들은 우르르 몰려와 여관 밖에서 장사진을 치고 있었을지도 모른다. 만약 강도 만난 자의 고향이 여리고였고 사마리아인이 그를 여리고의 여관으로 데려왔다면 어떠했을까? 인사불성이 된 사람을 보고 가족과 친척들은 어떤 반응을 보였을까? 중동 지역에서는 불문율에 속하는 '피의 보복'이 기다리지 않았을까? 이들은 사마리아인에 대한 적개심에 불타 자초지종도 듣지 않고 여관을 나서려는 사마리아인을 집단 구타하고 심지어 살해했

열린다 비유
선한 사마리아인 이야기

을 수도 있다.

혹 사마리아인이 무사히 마을을 빠져나갔을지라도 차후에 발생한 천문학적인 치료비가 사마리아인 앞으로 청구되었을 가능성도 배제할 수 없다. 당시에 빚을 갚지 못하면 노예로 팔리던 상황임을 감안할 때 여관 주인은 빚을 갚지 못한 사마리아인을 노예로 팔아넘겼을 수도 있다.

> "결산할 때에 만 달란트 빚진 자 하나를 데려오매 갚을 것이 없는지라 주인이 명하여 그 몸과 아내와 자식들과 모든 소유를 다 팔아 갚게 하라 하니"(마 18:24-25).

1세기 당시 여관은 좋은 서비스를 제공하는 현대적 개념의 호텔과는 차원이 다르다. 당시 랍비 문헌은 여관과 그곳을 지키는 여관 주인에 대해서 이렇게 혹평하고 있다.

> "가축을 여관에 홀로 두는 것은 위험하다. 그곳에서는 수간(獸姦)이 버젓이 이루어진다. 여인을 홀로 두는 것도 위험하다. 그곳에서는 온갖 음란한 짓이 이루어진다. 남자를 홀로 두는 것도 위험하다. 그곳에서는 여차하면 피를 흘리는 살인이 난무하다"(m. Aboda Zarah 2:1).

구약성경의 아람어 번역본에서는 '창녀'를 '여관 여주인'으로 번역할 정도다. 1세기 당시 온갖 악평과 스캔들이 난무하던 곳이 여관임을 알 때 충분한 돈을 받은 여관 주인이 강도 만난 자에게 양질의 치료와 간호를 베풀었을 가능성은 그다지 높지 않다.

이러한 다양한 가능성과 경우의 수를 뒤로한 채 '선한 사마리아인의 비유'는 여기에서 막을 내리고 있다. 비유는 확실한 대답과 결론이 없는, 일종의 오픈 퀘스천(open question)을 청중들에게 던지면서 끝나고 있는 것이다.

사마리아인이 강도 만난 자에게 보여 준 동정과 사랑은 보통 사람의 이해와 계산의 한계를 뛰어넘을 만큼 초월적이다. 과연 우리가 사는 세상에 이런 사람이 존재할 수 있을까 하는 의구심을 낳을 만큼 '선한 사마리아인'은 마치 동화나 판타지에나 있을 법한 가공의 인물처럼 보인다.

그래서인지 초대교회 때부터 오리겐, 암브로시우스, 어거스틴과 같은 교부들은 이 '선한 사마리아인'을 '예수님'에 대한 상징으로 이해했다. 당시 종교 지도자들은 예수님을 경멸하는 의미로 '사마리탄'(사마리아 사람)이라고 불렀는데, 예수님은 아마도 이런 비난을 역으로 받아서 자신을 '선한 사마리아인'이라고 말씀하셨는지도 모르겠다.

"유대인들이 대답하여 이르되 우리가 너를 사마리아 사람이라 또는 귀신이 들렸다 하는 말이 옳지 아니하냐"(요 8:48).

만약 이 교부들의 해석이 맞다면 예수님은 '선한 사마리아인의 비유'를 통해 자신에 대해, 더 나아가 자신이 당하게 될 운명에 대해 웅변적인 예고를 하신 것이다. 즉 사마리아인이 보여 준 초월적인 사랑은 자신을 배반한 무리들과 인생들을 대신해 십자가에서 자신의 목숨을 내놓으시기까지 사랑한 예수님의 사랑과 연결된다는 것이다.

예수님은 왜
"네 이웃이 누구냐"고
묻지 않았을까?

이웃 개념의 코페르니쿠스적 혁명

예수님의 질문 포인트는 '강도 만난 자의 입장에서 볼 때
누가 그 사람의 진정한 이웃이었는가'라는 데 있다.
사마리아인에 대한 당시 유대인들의 감정을 이해할 때 결국 이렇게 돌려서 말할 수 있다.
"결국 나의 원수가 나의 이웃이라는 말씀이시군요!"

드디어 '선한 사마리아인의 비유'를 다루는 마지막 장에 이르렀다. 현대인들이 자연스럽게 사용하는 '선한 사마리아인'이라는 표현은 순전히 우리 시대가 만들어 낸 용어일 뿐이다. 예수님이 이 비유를 말씀하신 1세기 이스라엘에서는 '선하다'는 말과 '사마리아인'은 도저히 함께 조합될 수 없는 단어였다.

'선한 사마리아인'은 마치 '지혜로운 바보', '지독한 친절', '소리 없는 아우성', '위엄 있는 거지'처럼 모순어법에 해당한다. 사마리아인은 1세기 유대인 청중들의 눈으로 볼 때, 제의적으로는 '부정한 자'요, 사회적으로는 '추방자'요, 종교적으로는 '이단자'였다. 이들은 한마디로 '나쁜 놈', '원수'의 대명사였다.

그런데 예수님의 비유는 그런 사마리아인을 최종적인 영웅으로 내세우며 끝나고 있다. 사제 귀족층에게 억눌리고 핍박당하는 자신들의 처지와 강도 만나 길거리에 버려진 여행객을 비교하면서 동병상련을 느끼던 청중들이다. 종교의 탈을 쓴 가식적인 제사장과 레위인의 행동을 보면서 불편한 심기를 느끼던 청중들이다. 그런데 이제는 동병상련을 느끼던 비유 속의 여행객이 사마리아인의 자비를 구걸해야 하는 처지가 된 것을 청중들은 깨닫게 되었다. 자존심이 강한 유대인으로서는 도저히 맡고 싶지 않은 배역이었을 것이다.

사마리아인 영웅의 출현은 유대인 청중들에게 표현할 수 없는 충격과 걷잡을 수 없는 반감을 초래했을 것이다. 머리끝까지 치솟는 분노로 인해 예수님을 노려보는 사람도 있었을지 모른다. 하지만 이들은 자신도 모르게 예수님이 풀어 가는 스토리의 현장 한복판에 들어와 있었다.

분노가 치민 청중들은 이 재수 없는(?) 사마리아인과 함께 비유 속에 나오는 여관에서 밤을 지새울 수밖에 없다. 그리고 사마리아인이 다음날 아침에도 변함없이 착한 일을 행하는 것을 분을 삼키며 지켜볼 수밖에 없다.

예수님의 비유는 "내 이웃이 누구인가?"라고 물어 본 율법사에게 역질문을 던짐으로써 끝나고 있다.

> "네 생각에는 이 세 사람 중에 누가 강도 만난 자의 이웃이 되겠느냐"
> (눅 10:36).

1라운드에서처럼 예수님은 율법사의 질문에 직답을 하지 않고 역질문으로 대응하셨다. 청중들과 함께 율법사 자신도 예수님이 풀어 가시는 '선한 사마리아인의 비유'의 현장 속에 빨려 들어가 청중들과 함께 슬퍼하고 분노하고 흥분하고 아쉬워했을 것이다. 하지만 율법사는 객석에 앉아 있는 청중들과는 분명하게 입장이 달랐다. 그는 지금 많은 청중들이 지켜보는 가운데 예수님과 일대일 맞장 토론을 하고 있지 않은가?

이제 율법사가 대답할 차례가 되었다. 순간 모든 청중들의 눈이 율법사의 입을 향했다. 청중들의 모든 귀는 율법사의 대답을 듣기 위해 '경청' 모드로 들어갔다. 율법사는 난감했을 것이다. 쥐구멍이라도 있으면 들어가고 싶었을 것이다. 어떻게 자기 입으로 순순히 "사마리아인이 강도 만난 자의 이웃입니다"라고 대답할 수 있겠는가? 그렇다고 "잘 모르겠는데요", "유구무언이로소이다"라고 얼버무릴 수도 없지 않은가.

율법사는 이렇게 에둘러서 말할 수밖에 없었다.

열린다 비유
선한 사마리아인 이야기

"자비를 베푼 자니이다."

율법사의 얼굴은 사색이 되었고 말하는 입술은 부르르 떨렸을 것이다.

잠깐의 여유도 주지 않고 예수님의 쩌렁쩌렁한 명령이 율법사뿐 아니라 그 자리에 있던 모든 청중들에게 울려 퍼진다.

"가서 너도 이와 같이 하라."

그리고 진한 여운을 남기면서 '선한 사마리아인의 비유'로 불리는 3부작 단막극의 최종회는 이렇게 막을 내린다.

예수님은 '선한 사마리아인의 비유'를 통해 당시 청중들에게 어떤 교훈을 주고자 했던 것일까? 그리고 이 비유를 읽는 현대의 성경 독자들은 무슨 메시지를 얻어야 할까?

'선한 사마리아인의 비유'의 현대판 버전

'선한 사마리아인의 비유'를 현대판 버전으로 각색하는 작업이 다양하게 시도된 바 있다. 프랑스의 유대교 학자인 끌라우드 몽트피오르(Claude Montefiore)는 이 비유에 나타난 계층의 삼각 구조인 제사장, 레위인, 이스라엘 사람(평민)을 현대 프랑스 사회에 적용시킬 경우 '사제, 집사, 프랑스 사람'에 해당한다고 말했다. 동일하게 이것을 한국 스타일로 약간 변형시킨다면 '목사, 장로, 평신도'에 해당할 것이다.

김흥규 목사는 그의 책 《예수의 비유 다시 보기》에서 이 비유를 일제 강점기에 만주에서 독립운동을 하던 조선인 크리스천이 마적 떼를 만나 거의 죽게 되었는데 조선인 목사도 지나가고 장로도 그냥 방관하고 지나갔는데, 남묘호렌게교 신자인 일본인 고등계 형사가 도와주었다는 이야기로 각색했다.

'선한 사마리아인의 비유'가 단지 3대 계층과 관련된 신분상의 문제뿐 아니라 인종적, 민족적, 종교적 문제가 복잡하게 결부된 것을 알 때 재미있고도 정곡을 찌르는 각색이라 여겨진다.

The Cotton Patch 성경도 사회적, 인종적 및 종교적 우월성을 고발하는 '선한 사마리아인의 비유'의 특색에 맞게 다음과 같이 현대적인 각색을 시도하고 있다.

"어떤 사람이 애틀랜타에서 알바니로 여행을 하고 있는데, 강도들이 그의 길을 가로막았다. 돈지갑도 새 양복도 빼앗고, 그를 때려눕혀 고속도로변에 던져 버리고는 그의 차를 몰고 달아났다.

그런데 마침 한 백인 설교자가 같은 길로 내려오다가 그 사람을 보고는 더 속력을 내서 지나가 버리고 말았다. 잠시 후 한 백인 성가대 지휘자가 그 길로 내려오다가 그 사람을 보고는 그도 역시 속력을 내서 그곳을 지나가 버렸다.

그 후 한 흑인이 그 길로 여행하다가 그 사람이 있는 데까지 와서는 동정심으로 인해 눈물을 흘렸다. 그는 차에서 내려 최선을 다해 그의 상처를 싸매 주고 자신의 물통에서 물을 꺼내 피를 닦아 주고 그를 뒷자리에 실었다. 그는 알바니로 달려가 그를 병원으로 데리고 가서 간호사에게 '이 사람을 고속도로에서 데리고 왔는데, 최선을 다해서 돌보아 주십시오. 여기 내게 2달러가 있습니다. 나머지 돈은 내 봉급날에 다 지불하겠습니다'라고 말했다."

'나의 이웃'에서 '너의 이웃'으로

비유의 결론으로 내리신 예수님의 마지막 명령을 살펴보기에 앞서, 우리는 '이웃'을 주제로 벌인 율법사와 예수님의 질문과 대답을 다시 고찰해 볼 필요가 있다.

율법사의 질문: "그러면 내 이웃이 누구니이까?"
예수님의 역질문: (선한 사마리아인의 비유를 들려준다) "네 생각에는 이 세 사람 중에 누가 강도 만난 자의 이웃이 되겠느냐?"
율법사의 대답: "자비를 베푼 자니이다."

먼저 "내 이웃이 누구입니까?"라고 물어 본 율법사의 질문은 거꾸로 뒤집어 보면 "누가 내 이웃이 아닙니까?"란 물음이 된다. 이 질문은 굉장히 자기중심적이고 배타적이라는 데 문제가 있다. 자기를 중심으로 이웃의 범주와 우선순위를 정할 때 우리는 당연히 자기와 인종, 종교, 신분, 계급, 취향이 같은 사람들을 이웃으로 규정하게 된다. 예나 지금이나 팔은 안으로 굽지 밖으로 결코 굽을 수 없기 때문이다.

실제로 1세기 당시 '이웃'은 종교 지도자들이 다루던 핵심 주제였고, 영생을 선물로 받기 위해 '내가 내 몸처럼 사랑해야 할' 이웃의 한계를 어디까지로 정할 것인가가 이들의 토론 주제였다. '내 이웃이 누구인가?'라는 율법사의 질문도 이런 배경에서 나온 것이다.

하지만 '선한 사마리아인의 비유'를 마치고 예수님이 던지신 역질문은 우리에게 시사하는 바가 크다.

"네 생각에는 이 세 사람 중에 누가 강도 만난 자의 이웃이 되겠느냐?"

예수님은 '나의 이웃'을 묻는 율법사의 질문에 대해 '강도 만난 자의 이웃'을 물으며 역질문을 던지셨다. 예수님의 질문은 '나'를 중심으로 한 이웃 개념에서 '강도 만난 여행객'을 중심으로 한 이웃 개념으로 전환시킨 것이다.

율법사를 비롯해 당시 종교 지도자들이 이웃을 주제로 한 토론은 한결같이 '나'를 중심으로 한 이웃 개념, 즉 나를 중심으로 내 마음대로 선택하고 배제해야 할 대상으로서의 이웃 개념이었다. 여기서는 내가 '주체'(subject)가 되고 이웃은 '객체'(object)가 된다. 하지만 예수님은 '타인'(강도 만난 자)을 중심으로 한 이웃 개념, 즉 나의 도움이 절실히 필요한 사람은 누구든지 나의 이웃이 될 수 있다는 주체적이고 능동적인 이웃 개념으로 방향을 전환시키고 있다. 여기서는 이웃이 '주체'가 되고 나는 '객체'가 된다.

'누가 내 이웃인가'라는 질문은 1세기 이스라엘뿐 아니라 동서고금을 막론하고 종교, 철학, 윤리에서 다루고 있는 영원한 주제일 것이다. 이 질문은 자신이 속한 인종, 종교, 계파에 따라 결코 통일된 의견이나 합의문이 도출될 수 없는 '뜨거운 감자'에 해당한다.

하지만 예수님은 '선한 사마리아인의 비유'를 마치며 '누가 내 이웃인가'라는 질문에 완전한 종지부를 찍으신다. 이후로는 '누가 나의 이웃인가'가 아니라 '내가 누구의 이웃이 될 것인가'로 질문의 흐름을 바꾸셨기 때문이다.

하인리히 그리븐(Heinrich Greeven)은 '선한 사마리아인의 비유'가 주는 핵심적인 교훈을 이렇게 정리하고 있다.

"사람은 자신의 이웃을 정의할 수 없다. 오직 이웃이 될 수 있을 뿐이다."

예수님은 '나'를 중심으로 이웃을 생각하던 데서, 도움이 필요한 '타인'을 중심으로 이웃을 생각하는 놀라운 발상의 전환을 시도하셨는데, 이것은 '이웃' 개념에 있어서 가히 '코페르니쿠스적 혁명'이라 할 만하다. 저마다 지구를 중심으로 세상이 돈다고 할 때 코페르니쿠스는 태양을 중심으로 세상이 돌고 지구도 태양 주위를 도는 일개 행성 중 하나라는 혁명적인 선포를 했다. 이웃 개념에 있어서도 이 선포는 동일하게 적용된다. 나를 중심으로 세상이 돌고 그중 취향에 맞는 이웃을 내가 선택하는 것이 아니다. 도움이 필요한 이웃을 중심으로 세상이 돌고 나는 그에게 기꺼이 다가갈 뿐이다.

나의 원수가 나의 이웃이다

우리는 율법사의 질문이 '누가 내 이웃인가'였기 때문에 예수님의 비유를 듣고 이렇게 서둘러 예측하기 쉽다.

"아, 강도 만난 자가 내 이웃이군요! 나도 주변에 강도 만난 자처럼 도움이 필요한 자를 도와주어야 한다는 말씀이군요."

하지만 예수님이 비유를 마치고 던지신 질문은 초등학생도 쉽게 대답할 수 있을 만큼 정답이 뻔하고 단순해 보이는 것 같지만 사실은 그렇게 단순하지 않다.

"네 생각에는 이 세 사람 중에 누가 강도 만난 자의 이웃이 되겠느냐?"

예수님은 이 질문을 통해 나를 중심으로 한 이웃 개념에서 타인을 중심으로 한 이웃 개념으로 발상을 전환시키셨음을 이미 살펴보았다.

하지만 예수님이 던지신 마지막 질문을 통해 한 가지 더 생각해 보아야 할 주제가 있다. 예수님의 질문 포인트는 '강도 만난 자의 입장에서 볼 때 누가 그 사람의 진정한 이웃이었는가'라는 데 있다. 이 질문에 대한 정답은 당연히 '사마리아인'이다. 결국 '누가 나의 이웃인가'를 주제로 벌인 예수님과 율법사의 토론은 '사마리아인이 진정한 이웃입니다'라는 결론으로 끝나고 있는 것이다.

사마리아인에 대한 당시 유대인들의 감정을 이해할 때 이 말은 결국 이렇게 돌려서 말할 수 있다.

"결국 나의 원수가 나의 이웃이라는 말씀이시군요!"

예수님은 지금 내 몸처럼 사랑해야 할 이웃의 범주에 원수까지도 포함된다는 놀라운 말씀을 설파하고 계신 것이다. 이렇게 볼 때 예수님도 이웃의 한계와 범주를 놓고 벌어진 당시의 열띤 논쟁에 끼어드셔서 자신의 의견을 제시하고 있는 것이다.

당시 종교 지도자들이 생각하는 이웃의 범주는 종파마다 달랐지만, 이들이 규정하는 이웃의 범주는 하나같이 배타적이고 편협했다. 이들은 자신들의 종파를 기준으로 이웃의 한계를 제한했고, 그 한계에서 벗어난 사람에 대해서는 무관심했다.

심지어 자신의 종파가 정한 이웃의 한계에 들지 않는 사람은 모두 원수로 규정하고 그들을 적극적으로 미워하도록 가르친 종파도 있었다. 바로 염해(사해) 북서쪽 유대 광야에서 수도원적 영성을 갖고 살아가던 에세네파가 그들이다. 에세네파는 수적으로 많지는 않았지만 이들이 가르친 이웃과 원수의 교리는 당시 백성들 사이에서 광범위하게 퍼져 있었다. 이런 사실은 산상수훈 말씀을 통해서도 확인된다.

"또 네 이웃을 사랑하고 네 원수를 미워하라 하였다는 것을 너희가 들었으나"(마 5:43).

모세오경의 율법에는 '이웃을 사랑하라'는 규정은 있지만 '원수를 미워하라'는 규정은 눈을 씻고 찾아봐도 없다. 하지만 예수님은 당시 백성들 사이에 보편적으로 퍼진 에세네파 교리로 인해 이 말을 덧붙이신 것이다.

예수님은 비유를 통해 내가 사랑해야 할 이웃의 한계를 원수까지 확장시키셨다. 이제 '이웃의 한계'를 주제로 한 더 이상의 탁상공론은 의미가 없어졌다. 이웃의 범주에 원수까지 포함된다면, 우리가 사랑해야 할 이웃은 인종, 종교, 언어 등 그 어떤 장벽을 뛰어넘는 온 인류가 되기 때문이다. 이제 우리에게 남은 것은 '이웃'에 대한 신학적인 토론이 아니라 나의 도움이 필요한 이웃을 찾아가 적극적으로 사랑을 베푸는 일뿐이다.

어떤 신학자는 '선한 사마리아인의 비유'가 주는 교훈을 다음에 나오는 산상수훈과 연결하고 있는데 비유의 핵심을 통찰한 결론이 아닌가 싶다.

> "나는 너희에게 이르노니 너희 원수를 사랑하며 너희를 박해하는 자를 위하여 기도하라"(마 5:44).

레온하르트 라가츠는 '선한 사마리아인의 비유'를 통해 예수님이 가르치시고자 한 제한 없는 인류애에 대해 이렇게 묘사하고 있다.

"하나님은 민족과 종교를 넘어서 있다. 그리고 하나님 앞에서는 유대인, 기독교인, 이교도가 따로 없으며 오직 인간만이 있다. 인간을 인간과 하나님의 자녀로 대하는 것이 하나님 나라의 유일한 예배다."

"가서 너도 이와 같이 하라"

'선한 사마리아인의 비유'에 등장하는 제사장과 레위인 그리고 예수님과 토론을 벌인 율법사, 이 세 사람의 공통점은 모두 율법의 전문가들이라는 사실이다. 이들은 율법의 핵심 계명인 하나님 사랑과 이웃 사랑의 계명을 날마다 백성들에게 가르치는 사람들이다.

하지만 비유를 통해서도 알 수 있듯이 이들은 예수님이 출제하신 '이웃 사랑'의 시험에서 합격점을 받지 못했다. 이들은 종교에 헌신된 직업적인 '종교인'이었지만 하나님이 기뻐하시는 참된 '신앙인'은 아니었던 듯싶다.

종교는 그 종교에 기초한 독특한 '세계관'을 만들고, 그 종교에 속한 사람을 그 세계관으로 물들게 하는 마력이 있다. 종교가 만드는 세계관은 무엇일까? 그것은 그 종교를 함께 공유하는 자는 '우리'(insider)로 규정하고, 그렇지 않은 자는 '남'(outsider)으로 규정하는 세계관이다. 직업적인 종교인, 더 나아가 헌신적이고 열광적인 종교인들이 빠지기 쉬운 위험이 있다. 그것은 그들이 생각하는 '우리'의 한계가 시간이 지날수록 점점 협소해지고 배타적이 된다는 사실이다. 그래서 신앙이 깊어질수록 내가 도와야 할 이웃의 한계도 점점 좁아진다. 이것은 참으로 무서운 일이다. 우리를 더 무섭고 놀라게 하는 것은 이 종교적인 배타성이 종종 '남'(outsider)을 향한 폭력과 전쟁, 집단 학살을 초래하기도 한다는 사실이다.

예수님은 비유를 통해 직업적인 종교인에서 벗어나 하나님이 기뻐하시는 참된 신앙인이 되라고 설파하고 계신다. 우리가 '종교'의 광신자가 아니라 '진리'의 추종자가 되도록 요구하신다.

우리가 진정한 진리의 추종자라면 예수님의 다음 명령에 순종해야 한다.

"가서 너도 이와 같이 하라."

'선한 사마리아인의 비유'에서 무엇보다 주목되는 단어는 동사 '사랑하라'이다. 반복은 나타나지 않지만, 대화의 내용들 사이에서 이 동사는 메아리처럼 울려 퍼지고 있다.

명사로서의 '사랑'은 거대하고 복잡한 주제다. 철학자들과 신학자들은 '사랑'의 문화적인 표현, 감정적인 독특한 느낌, 심리적인 뉘앙스 등을 탐구하면서 수천 수만 쪽에 달하는 페이퍼를 남겼다.

흔히 기독교를 '사랑의 종교'라고 말하지만, 사실 성경에는 '사랑'이라는 명사에 대한 지적이고 현학적인 묘사가 놀랍도록 적다. '사랑'은 선지자, 제사장, 사도들이 신학적 토론의 대상으로 삼은 것이 아니다. 성경에서 '사랑'이라는 명사는 살아 움직이는 동사로서 주로 나타날 뿐이다. '하나님이 세상을 이처럼 사랑하셔서'가 성경이 주로 사용하는 사랑이다.

'사랑'이라는 명사가 동사로 바뀌는 순간 그것은 더 이상 신학적 토론과 탐구의 주제가 될 수 없다. 바로 그 순간 몸을 바지런히 움직여 순종하고 실천해야 할 명령이 되는 것이다.

우리는 누구나 비유 속에 등장하는 다양한 캐릭터가 될 수 있다. 강도 만난 나그네가 되어 내 앞을 지나는 이웃에게 도움을 호소하는 입장이 될 수도 있다. 제사장과 레위인처럼 위선과 이기심 때문에 이웃의 간절한 도움의 손길을 매몰차게 거절하는 가식적인 종교인이 될 수도 있다. 아니면 사마리아인처럼 기꺼이 헌신적인 사랑을 베푸는 참된 예배자가 될 수도 있다.

예수님의 비유가 주는 복은 비유의 청취자들로 하여금 자신의 내면을 솔직하게 탐색하는 여행으로 인도한다는 것이다. 나에게 있어서 종교는 무엇인가?

혹시 사회 특권층으로 들어가기 위한 패스포트(passport)에 불과한 것은 아닐까? 아니면 모태부터 몸에 익은 의미 없는 전통과 습관에 머물러 있는 것은 아닐까? 비유가 주는 교훈은 우리의 세련된 종교적 삶만으로는 천국행을 보장하지 않는다는 것이다.

예수님은 천국행을 보장해 주는 면죄부를 남발하지 않으셨다. 예수님이 가르치신 핵심 주제는 내세에 들어갈 천국행 티켓보다 현세에서 살아가는 '제자도'(discipleship)에 더 맞추어져 있다. 내세에서 누릴 영생을 이미 얻은 자로서 그분의 제자가 된 우리가 이 땅에서 어떻게 살아가야 하는가, 그것이 바로 우리를 부르신 하나님의 주된 관심사인 것이다.

우리는 궁금하다. 예수님과 토론을 벌인 율법사는 과연 비유의 가르침대로 도움이 필요한 자의 이웃이 되어 사랑을 실천했을까? 이 질문에 대한 답은 아무도 알 수 없다. 우리는 단지 우리 자신의 반응과 순종에 대해서만 알 수 있을 뿐이다.

참고도서

《예수 시대의 예루살렘》, 요아킴 예레미야스 지음, 한국신학연구소, 1992.

《예수의 비유》, 요아킴 예레미야스, 허혁 옮김, 분도출판사, 1974.

《예수에게 솔직히》, 로버트 펑크 지음, 김준우 옮김, 한국기독교연구소, 2006.

《예수의 비유 새로 듣기》, 버나드 브랜든 스캇 지음, 김기석 옮김, 한국기독교연구소, 2006.

《비유로 말하라》, 유진 피터슨 지음, 양혜원 옮김, 한국기독학생회출판부, 2008.

《예수의 비유 다시 보기》, 김흥규 지음, 프리칭아카데미, 2009.

《유대 문화를 통해 본 예수의 비유》, 이진희 지음, 쿰란출판사, 2001.

《예수께서 가라사대》, 윌리엄 바클레이 지음, 양길영 옮김, 쿰란출판사, 2008.

《초대교회 배경사》, 에버렛 퍼거슨 지음, 박경범 옮김, 은성, 1993.

《요세푸스》, 요세푸스 지음, 김지찬 옮김, 생명의말씀사, 1987.

Brad H. Young, *The Parables*, Hendrickson Publishers, 2008.

Klyne R. Snodgrass, *Stories with Intent*, Wm. B. Eerdmans Publishing, 2008.

Brad H. Young, *Jesus the Jewish Theologian*, Hendrickson Publishers, 2007.

Gary M. Burge, *Jesus the Middle Eastern Storyteller*, Zondervan, 2009.

Marvin R. Wilson, *Our father Abraham*, Wm. B. Eerdmans Publishing, 2001.

Kenneth E. Bailey, *Poet & Peasant*, Wm. B. Eerdmans Publishing, 1983.

Kenneth E. Bailey, *Jesus through Middle Eastern Eyes*, IVP Academic, 2008.

Cafe.daum.net/Israeltoday